Ossip Mandelstam, der durch Gedichte gegen Stalin in Ungnade gefallene Dichter, starb am 27. Dezember 1938 in einem sibirischen Transitlager in der Nähe von Wladiwostock. Seither ist sein Tod von Gerüchten und Legenden umrankt: Mandelstam sei im Lager wahnsinnig geworden, Mandelstam habe kurz vor seinem Tod den Mitgefangenen am Feuer Petrarca-Sonette rezitiert, Mandelstam habe aus Angst vor dem Vergiftetwerden fremdes Brot gestohlen und sei von Kriminellen erschlagen worden...

Dieses Lesebuch will nicht an der Legende weben, sondern von der Legende weg- und zu Mandelstams Wort hinführen: eine Anthologie von Texten – Gedichten und Prosa – bildet das Kernstück des Bandes. Denn der Tod – der fremde wie der eigene, der vorausgeahnte und vorausgenommene, der akzeptierte und der bekämpfte – war eines der großen Themen Mandelstams. Doch nicht der Tod hat das letzte Wort in Mandelstams Werk, sondern die Feier des Lebens angesichts des Todes. Die Schlußzeile eines Gedichtes von 1935 lautet: *Nur noch sterben – und dann noch: der Sprung auf das Pferd.*

Und daß sein Werk noch immer lebt, belegen vier gewichtige Zeugen: Joseph Brodsky, der sich in seiner Stockholmer Nobelpreisrede zu Mandelstam als seinem großen Lehrmeister bekannt hat, Pier Paolo Pasolini, der den Witz und die Leichtigkeit in Mandelstams Werk betont und von einer der »glücklichsten Dichtungen unseres Jahrhunderts« spricht, Paul Celan, der 1959 mit seinen ersten Übertragungen Mandelstam für den deutschsprachigen Raum entdeckt hat, und Philippe Jaccottet, der französische Lyriker und Übersetzer.

Ossip Mandelstam wurde 1891 in Warschau als Sohn einer jüdischen Kaufmannsfamilie geboren. Aufgewachsen in Petersburg. Studium in Paris, Heidelberg und Petersburg. Zusammen mit Gumiljow und Anna Achmatova gehörte Mandelstam zu einer Gruppe junger Dichter in Petersburg, die sich *Akmeisten* nannte. 1913 erschien sein erster Gedichtband, 1928 sein letzter. Er starb am 27. Dezember 1938 in einem sibirischen Transitlager für Zwangsarbeiter.

Ralph Dutli, der Herausgeber dieses Bandes wurde 1954 in Schaffhausen (Schweiz) geboren. Studium der Romanistik und der russischen Literatur in Zürich und Paris. Lebt seit 1982 in Paris. Übersetzer und Herausgeber der deutschsprachigen Mandelstam-Ausgabe, die im Ammann-Verlag und im Fischer Taschenbuch Verlag erscheint.

Weitere Titel von Ossip Mandelstam im Fischer Taschenbuch Verlag finden Sie in einer Anzeige am Schluß dieses Bandes.

Ossip Mandelstam

Im Luftgrab

Ein Lesebuch

Mit Beiträgen von
Paul Celan,
Pier Paolo Pasolini, Philippe Jaccottet,
Joseph Brodsky

Herausgegeben von
Ralph Dutli

Fischer Taschenbuch Verlag

Die Titel-Metapher ›Im Luftgrab‹
ist den ›Versen vom unbekannten Soldaten‹ entnommen.

Veröffentlicht im Fischer Taschenbuch Verlag GmbH,
Frankfurt am Main, März 1992

Lizenzausgabe mit freundlicher Genehmigung
des Ammann Verlags AG, Zürich 1988
Die Nachweise der einzelnen Beiträge
finden sich am Schluß dieses Bandes
Umschlaggestaltung: Buchholz / Hinsch / Hensinger
Abbildung: Wassily Kandinsky ›Die Naiven‹

Druck und Bindung: Clausen & Bosse, Leck
Printed in Germany
ISBN 3-596-29187-9

So lehr du mich, entkräftete Schwalbe,
Die du lang nicht mehr fliegst und vergißt –
Wie nur kann ich im Luftgrab mich halten
Ohne Steuer und Flügel und List?

Ossip Mandelstam

Im Luftgrab

Vorwort des Herausgebers

I

Am 27. Dezember 1988 jährt sich zum 50. Male der Todestag Ossip Mandelstams, den Joseph Brodsky, der Literatur-Nobelpreisträger 1987, »Rußlands größten Dichter dieses Jahrhunderts« genannt hat.

Der widerspenstige, durch Gedichte gegen Stalin in Ungnade gefallene Dichter starb im sibirischen Transitlager »Wtoraja Retschka« in der Nähe von Wladiwostok, am 27. Dezember 1938 (für weitere biographische Details vgl. die »Zeittafel« am Schluß unseres Bandes). Seither ist dieser Tod bereits zum literarischen Thema geworden – etwa durch den Text »Cherry-Brandy« in den *Erzählungen aus Kolyma* des Schriftstellers Warlam Schalamow (1907–1982), der selber siebzehn Jahre seines Lebens in Straflagern verbracht hat und die Grenzsituation des zermürbenden Gefangenendaseins zu seinem literarischen Thema machte. In »Cherry-Brandy« (Mandelstams Spitzname, nach einem Gedicht des Jahres 1931) versucht Schalamow zu rekonstruieren, was dem gepeinigten Dichter in den letzten Stunden durch den Kopf fährt.

Außerdem ist Mandelstams Tod fast bis zur Unkenntlichkeit von Gerüchten und Legenden überrankt: Mandelstam sei im Lager wahnsinnig geworden, Mandelstam habe kurz vor seinem Tod den Mitgefangenen am Feuer Petrarca-Sonette rezitiert, Mandelstam habe aus Angst vor dem Vergiftetwerden fremdes Brot gestohlen und sei von Kriminellen erschlagen worden, etc. etc. Manche dieser Legenden brachten die aus den stalinschen Straflagern entlassenen Häftlinge mit nach Moskau zurück. Die Witwe des Dichters, Nadeschda Mandelstam (1899–1980), berichtet in den letzten Kapiteln ihrer epochalen Memoiren *Das Jahrhundert der Wölfe* (deutsch 1971) von diesen Gerüchten und Legenden, und es ist bewegend zu sehen, mit wieviel Würde sie die einzelnen Rückkehrer-Geschichten nach dem winzigsten Körnchen Wahrheit absucht. Und damit soll es sein Bewenden haben.

Das hier dem deutschsprachigen Leser zu Mandelstams 50. Todestag vorgelegte Lesebuch will nicht an der Legende weben, sondern von der Legende weg und zum Wort kommen, zu Mandelstams Wort: eine Anthologie von seinen Texten – Gedichten und Prosa – bildet das Kernstück unseres Bandes. Denn der Tod – der fremde wie der eigene, der vorausgeahnte und vorausgenommene, der akzeptierte und der bekämpfte – war eines der großen Themen Mandelstams. Und über den Tod des Dichters nachzudenken, sind wir von Mandelstam selber legitimiert worden – in dem nur fragmentarisch erhaltenen Essay *Puschkin und Skrjabin* von 1915 schreibt er (als Vierundzwanzigjähriger) den merk-würdigen und bedenkenswerten Satz: *Mir scheint, man dürfe den Tod eines Künstlers nicht von der Kette seiner schöpferischen Leistungen ausschließen, sondern müsse ihn vielmehr als das letzte, das Schlußglied der Kette betrachten.*

II

Unsere Anthologie von Texten, die um den Tod kreisen, beansprucht keinesfalls, dieses Thema bei Mandelstam erschöpfend zu dokumentieren. Es sei ganz einfach eine Handvoll Texte, welche auch dem uneingeweihten, neuen Leser den Facettenreichtum, die Tiefe und die Dichte der Mandelstamschen Poesie vor Auge und Ohr führen möchte.

Der Weg reicht von den ersten, noch jugendlichen Zweifeln (»Ist es wahr, und bin ich wirklich, / Und ob der Tod auch wirklich kommt?«) bis zu den letzten Zeugnissen der Reife, den poetischen Testamenten der Woronescher Spätzeit. Der Tod war für den jungen Mandelstam zunächst eingeschrieben in die prunkvollen Rituale Petersburgs, der Stadt seiner Kindheit, mit ihren Paraden, Studentenunruhen und Begräbnisfeierlichkeiten (wie sie in der autobiographischen Prosa *Das Rauschen der Zeit* erinnert werden). Der aufgebahrte italienische Gesandte in Petersburg – ein Schlüsselerlebnis für das Kind Mandelstam (vgl. den Prosa-Abschnitt »Selbst der Tod noch« in unserer Anthologie). Der Tod als Faszinosum, das mit dem Glanz des imperialen Petersburg in subtiler Verbindung steht: die »sterbende Epoche« mit ihrem Prunk von Samt und Seide, seidenkaschierte Agonie eines Jahrhunderts.

Ob tatsächlich der Tod von Angehörigen und Freunden den »Tod der Epoche« zu verdrängen vermag, ob nicht auch er auf die Zeit selber projiziert wird? (In der Prosa »Der Tod des Julij Matwejitsch« etwa, dann in »Ein Spätherbst in Finnland«, wo Delirium und Tod seines Jugendfreundes Boris Sinani verschlüsselt liegen.) Naturgemäß abseits stehend oder erhaben ist Mandelstams Gedicht auf den Tod seiner Mutter (»Diese Nacht – nicht gutzumachen«), das auch zum Blick auf seine jüdischen Ursprünge gerät.

Mit der Revolutionszeit rückt die Epoche erneut in den Vordergrund. In den *Tristia*-Gedichten (1916–1921) spricht Mandelstam in apokalyptischen, dunklen Metaphern vom Tod Petersburgs als vom Tod der Kultur, vom Verlust des dichterischen Wortes als vom Verlust der Atemluft. Das Gedicht »In ungeheurer Höhe« mit seinem beklemmenden Refrain *Petropolis, dein Bruder, stirbt* vertritt in unserer Anthologie den ersten Themenkreis, das Gedicht »Schwestern: Schwere und Zartheit« den zweiten – denn da wird *Gesterns Sonne* auf einer schwarzen Bahre vorübergetragen: eine Anspielung auf Alexander Puschkins gewaltsamen Tod 1837 (Puschkin war auch für Mandelstam der Inbegriff russischer Kultur, deren erste und letzte Instanz).* Vor demselben Hintergrund ist der in Mandelstams bizarrste Prosa *Die ägyptische Briefmarke* (1928) eingeflochtene Tod der italienischen Sängerin Angiolina Bosio – und also: der Tod des Gesangs – zu lesen.

An der Schwelle zu den dreißiger Jahren kommt eine neue Dynamik in das Thema. Die polemische, gegen Stalin und seine Literaten-Marionetten gerichtete *Vierte Prosa* spielt zwar mit dem Gedanken an den Selbstmord (die Rasierklinge!), enthält jedoch ein ungeheures Potential an Auflehnungskraft, Empörung und dichterischem Stolz, welche letztlich die Oberhand gewinnen. Ein einzigartiges Bekenntnis zum eigenen Weg in der russischen Literatur des 20. Jahrhunderts (vgl. »Ich habe keine Manuskripte«, die ausgewählten Abschnitte aus dieser Prosa). Mandelstams Lyrik der dreißiger Jahre zeigt den Widerstreit zwischen denselben Polen: die freie Annahme, ja Vorausnahme des Todes einerseits, den Widerstand andererseits, die Beharrlichkeit, das zu Schaffende noch dem Tod abzuringen.

Dabei ist auch auf die beiden Liebesgedichte in unserer Anthologie hinzuweisen: »Wie herrlich du die Wörter sprichst« (aus den *Tristia*-Gedichten) und »Meisterin der schuldbewußten Blicke« (das letzte Gedicht der *Moskauer Hefte*). Mandelstam hat nur einige

* Vgl. Ralph Dutli: »Wunderbarer Stoff« – Ossip Mandelstam und Alexander Puschkin. – In: Zeitschrift für Kulturaustausch (Stuttgart) 1987, Nr. 1, S. 161–171 [Spezialnummer Alexander Puschkin, Hrsg. Rolf-Dietrich Keil].

wenige Liebesgedichte geschaffen, doch sie gehören zu den schönsten in russischer Sprache überhaupt. Wie fein und verhalten der Tod sich hier in die Worte mischt, sei jetzt nicht weiter ausgelegt.

Doch hier noch zur Metapher des »Luftgrabs«, die den *Versen vom unbekannten Soldaten* (Februar–März 1937) entnommen ist, diesem visionären und unergründlichen Requiem auf die »Millionen von leichthin Getöteten« (wie souverän Mandelstam die Grenzen des Requiems hinter sich läßt, zeigt auch sein Gedicht auf Andrej Belyjs Tod: »Blaue Augen, das Stirnbein darüber«). Der Tod von abgestürzten Piloten lag am Ursprung des Bildes: der Himmel als immenses leeres Grab, mit dem auch der dem Tod entgegengehende Dichter wird zurechtkommen müssen. Tragische Metapher – die Luft, dieser Lebensgarant, der zum Atmen notwendige Stoff, in sprachlich engster Vereinigung mit dem Grab, dem Todesort. Doch zugleich auch ein künftiger »Ort, wo sich atmen ließe« und letztlich – Überwindung des Todes.

Diese kurze Einführung in unseren Gedenkband will und kann nicht erschöpfend darlegen, was dieses Thema *von uns will.* Jeder Leser gehe hier seinen eigenen Weg. Anzumerken bleibt, daß Mandelstams Werk keinen Totenkult will, daß es ein zutiefst *dem Leben zugewandtes Werk* ist (»Allen Lebenden lebenslang Freund«, heißt es im allerletzten Gedicht unserer Anthologie). Da und dort hat dieser russische Dichter durchblicken lassen, daß der Tod nicht das letzte Wort habe. Die Schlußzeile eines Gedichtes von 1935 lautet: *Nur noch sterben – und dann noch: der Sprung auf das Pferd.*

III

Daß Mandelstams Werk lebt, belegen in unserem Band vier gewichtige Zeugen: vier Dichter unserer Zeit, die – aus vier verschiedenen Sprachen kommend – in persönlichen Essays ihre je eigene Begegnung mit dem Werk Mandelstams zum Ausdruck bringen.

Der im amerikanischen Exil lebende russische Lyriker *Joseph Brodsky* (* 1940) hat sich stets zu Mandelstam als zu einem seiner großen Lehrmeister bekannt – zuletzt noch in seiner Stockholmer Nobelpreisrede. Brodsky ist der eigenständige Erbe einer ganzen Generation russischer Dichter dieses Jahrhunderts, für deren Höhepunkte die vier Namen Ossip Mandelstam, Anna Achmatowa, Boris Pasternak und Marina Zwetajewa stehen. Sie waren seine geistige Nahrung in den Zeiten der Repression, sie waren auch sein Fundament, auf dem er den eigenen dichterischen Reichtum entfalten konnte.

Für viele eine Überraschung dürfte es sein, daß auch der italienische Filmschaffende und Dichter *Pier Paolo Pasolini* (1922–1975) Mandelstam einen Text gewidmet hat, einen schillernden Text, der sich aus Paradoxen nährt. Wir verdanken ihm die Betonung von Mandelstams »Leichtheit« und »Witz«, sowie die Einsicht, daß dieses tief tragische Werk uns »lichtvoll« erscheine, daß es eine der »glücklichsten Dichtungen unseres Jahrhunderts« darstelle.

Der feinhörige französischsprachige Lyriker und Hölderlin-, Rilke- und Ungaretti-Übersetzer *Philippe Jaccottet* (*1925) charakterisiert in seinem Essay die Begegnung mit dem Werk Mandelstams sehr eindrücklich als eine heftige Taufe *(un baptême brutal)*, assoziiert die Mandelstamsche Poesie mit der Frische und Unbändigkeit von Wildbächen. Mandelstam, diesem Dichter der Kultur, wird auf diesen herben und zugleich lyrischen Seiten die Ursprünglichkeit einer Naturgewalt bescheinigt.

Ein besonderes Ereignis – und hier gilt unser herzlicher Dank Frau Gisèle Celan-Lestrange, Paris – ist der Abdruck eines bisher unbekannten Textes von *Paul Celan* (1920–1970), »Die Dichtung Ossip Mandelstamms«, eines Textes, der im Umkreis seines großen poetologischen Entwurfes *Der Meridian* (1960) entstanden ist und so manches Rätsel des Celanschen Denkens und seiner besonders intimen Beziehung zum Werk Ossip Mandelstams lüften könnte. Ohne den Celanisten vorgreifen zu wollen, sei die außerordentliche Bedeutung dieses ursprünglich für den Rundfunk konzipierten, lange Zeit verschollenen Textes hervorgehoben: es ist unverkennbar, daß Celan auch hier »unter dem Neigungswinkel seiner Existenz« – wie er im Text selber formuliert – und damit unter dem Neigungswinkel seiner Poetik sich Mandelstam annähert. Durch diesen Erstdruck darf unser Lesebuch und Gedenkband – und dies ist gut so und hat seinen Sinn – auch zu einer *Hommage an Paul Celan* werden, der 1959 mit seinen ersten Übertragungen Mandelstam für den deutschsprachigen Raum entdeckt hat. Seine damals den Übertragungen beigefügte *Notiz* ist in unserem Band ebenfalls mitabgedruckt.

Gewiß ist es nicht unangebracht, abschließend jenen einen Satz aus Paul Celans französisch gehaltenem Brief an Gleb Struve vom 29. Februar 1960 in Erinnerung zu rufen, der den Kern dieser Begegnung zu fassen sucht (er ist abgedruckt in der Zeitschrift »Germano-Slavica« 2, 1978, S. 363):

»Mandelstamm: rarement, j'ai eu, comme avec sa poésie, le sentiment de cheminer – de cheminer aux côtés de l'Irréfutable et du Vrai, et *grâce à lui.*«

Mandelstamm: selten noch habe ich, wie mit seiner Dichtung, das Gefühl gehabt, einen Weg zu gehen – einen Weg zu gehen an der Seite des Unwiderlegbaren und Wahren, und dies *dank ihm.* (deutsch: RD)

Alle in unserem Gedenkband versammelten Beiträge möchten eine literarische Behausung für Mandelstam bilden, einen Ort, »wo sich atmen ließe« – und wenn schon ein Grab, dann gewiß eines aus Poesie, ein Luftgrab eben.

Ralph Dutli

1909

1922

1927

1938

Ossip Mandelstam

Prosa

Selbst der Tod noch erschien mir bei der ersten Begegnung in einer völlig unnatürlichen, prachtvollen und pompösen Gestalt. Einmal ging ich mit meinem Kindermädchen und meiner Mama am schokoladefarbenen Gebäude der italienischen Botschaft am Mojka-Ufer vorbei. Plötzlich gehen da die Türflügel auf, und alle läßt man ungehindert hineingehen, nach Harz riecht es da, nach Weihrauch und etwas Süßem und Angenehmem. Schwarzer Samt dämpft den Eingang und die Wände, überall Silber und tropische Pflanzen. Hoch oben lag der einbalsamierte italienische Gesandte. Was ging mich dies alles an? Ich weiß es nicht, doch es waren starke und helle Eindrücke, die mir wertvoll geblieben sind bis auf den heutigen Tag.

1925

Der Tod des Julij Matwejitsch war furchtbar. Er starb wie ein Balzacscher Greis, beinah auf die Straße gejagt von einer hinterlistigen und groben Familie im Kaufhofviertel, in welcher er auf seine alten Tage die Tätigkeit des Familienbismarck weiterpflegte und sich gehörig ausnutzen ließ.

Den sterbenden Julij Matwejitsch vertrieben sie aus seinem Kaufmannsgeschäft an der Rasjeschaja und mieteten ihm ein Zimmerchen in einem kleinen Landhäuschen in Lesnoje.

Unrasiert und schrecklich anzuschauen, saß er da mit seinem Spucknapf und einer Zeitung. Seine toten, bläulichen Wangen waren von schmutzigen Stoppeln überwachsen, in der zitternden Hand hielt er eine Lupe und führte sie den Zeitungszeilen entlang. Todesangst spiegelte sich in den dunklen, vom grauen Star befallenen Pupillen. Ein Dienstmädchen stellte ihm einen Teller hin und ging gleich wieder weg, ohne zu fragen, ob er etwas brauche.

Zu Julij Matwejitschs Begräbnis kamen außerordentlich viele ehrenwerte Verwandte, die untereinander nicht bekannt waren, und sein Neffe von der Asow-Donschen Bank trippelte auf kurzen Beinchen einher und wackelte mit seinem schweren Bismarckkopf.

1925

Ein Spätherbst in Finnland, ein abgelegenes Landhaus in Raivola. Alles zugesperrt, die Pförtchen vernagelt, Wolfshunde knurren neben den leeren Sommerhäusern. Herbstmäntel und ältliche Plaids. Die Wärme einer Kerosinlampe auf einem kalten Balkon. Das Fuchsgesicht des jungen T., der vom Abglanz des Ruhmes seines Vaters lebte, eines ZK-Mitglieds. Keine Hausfrau, sondern ein scheues, schwindsüchtiges Geschöpf, dem es nicht einmal gestattet ist, den Gästen ins Gesicht zu schauen. Einzeln kommen sie, in englischen Mänteln und Melonen, aus dem Dunkel des Sommerhauses. Ruhig dasitzen, nicht hinaufgehen. Als ich die Küche durchquerte, bemerkte ich den großen, geschorenen Kopf Gerschunis.

»Krieg und Frieden« dauert fort. Die durchnäßten Flügel des Ruhms schlagen gegen das Fensterglas: dasselbe Ehrgefühl, derselbe Durst nach Ehre! Nächtliche Sonne im vom Regen erblindeten Finnland, Verschwörersonne eines neuen Austerlitz! Im Sterben phantasierte Boris von Finnland, vom Umzug nach Raivola und irgendwelchen Schnüren für das Gepäck. Hier hatten wir das Stöckelspiel gespielt, und er liebte es, auf finnischen Heuwiesen zu liegen und mit den kühlen, erstaunten Augen des Fürsten Andrej diesen schlichten Himmel zu betrachten.

Ich war verwirrt und unruhig. Die ganze Unruhe dieser Zeit ging auf mich über. Rund um mich flossen seltsame Ströme – vom Selbstmordfieber bis zur Erwartung des Weltuntergangs. Die Problemliteratur mit ihren Allerweltsfragen von Ahnungslosen war soeben als ein finsterer, übelriechender Troß vorbeigezogen, und schmutzige, haarige Krämerhände, die mit Leben und Tod ihren Handel trieben, machten allein schon diese Namen zu etwas Widerwärtigem: Leben und Tod. Wahrhaftig eine Nacht der Ahnungslosigkeit! Literaten in Russenhemden und schwarzen Blusen handelten wie Mehlhändler mit Gott und Teufel, und es gab kein Haus, in dem nicht die stumpfsinnige Polka aus dem »Leben des Menschen«, zum Symbol eines abstoßenden Gassensymbolismus geworden, mit einem Finger auf die Tasten gehämmert wurde. Zu lange hatte sich die Intelligenzia von Studentenliedern genährt. Nun war sie dem Erbrechen nahe vor lauter Allerweltsfragen: ein und dieselbe Bierflaschenphilosophie!

1925

Entspricht dieses Gefühl nicht genau demjenigen der italienischen Sängerin, die sich für ihre Tournee durch das noch junge Amerika vorbereitet und mit ihrer Stimme die Weltkarte überfliegt, den Ozean durchmißt mit ihrem metallischen Timbre, den ungewohnten Pulsschlag des Überseedampfers prüft mit ihren Gesangsläufen und Tremolos ...

Auf ihrer Netzhaut stehen umgestürzt die beiden Amerikas wie zwei grüne Jagdtaschen, die Washington und den Amazonas enthalten. Mit ihrer salzreichen ersten Überfahrt über das Meer gibt sie der Weltkarte eine neue Gestalt und wahrsagt nach Dollarnoten und Hundertrubelscheinen mit ihrem winterlichen Knistern.

Die fünziger Jahre haben sie betrogen. Keinerlei Belcanto wird dies beschönigen können. Immer derselbe, überall gleich niedrige Sacktuch- und Zimmerdeckenhimmel, immer dieselben verrauchten Leseräume, dieselben im Mark des Jahrhunderts auf Halbmast stehenden Fahnenstangen der »Times« und der »Nachrichten«. Und schließlich – Rußland ...

Der *Krestschatik*-Boulevard, das *stschastje*-Glück und der *stschawel*-Sauerampfer werden ihre kleinen Ohren kitzeln. Der unerhörte, unmögliche russische

»y«-Laut wird ihr den Mund bis zu den Ohren auseinanderzerren.

Und dann werden Gardeoffiziere zu ihrer Totenmesse in die Kirche Quarenghis eilen. Goldene Vögel, Aasgeier werden die römisch-katholische Sängerin zerpicken.

Wie hoch sie liegt! Ist das denn der Tod? Der Tod wagt im Beisein des diplomatischen Korps keinen Mucks zu tun.

– Wir werden sie mit Federbüschen, Gendarmen und Mozart zu Grabe tragen!

...

»Wenige Minuten vor dem Eintreten des Todeskampfes donnerte ein Löschzug der Feuerwehr über den Newskij-Prospekt. Alle liefen an die beschlagenen, quadratischen Fenster und überließen Angiolina Bosio, Kind des Piemonts, Tochter eines armen Wanderkomödianten (basso comico), einen Augenblick sich selbst.«

»Die kämpferischen Koloraturen der wie Hähne krähenden Feuerwehrhörner – unerhörtes Brio eines unabwendbaren, allesbezwingenden Unglücks – brachen in das schlecht gelüftete Schlafzimmer im Demidowschen Hause ein. Von Lastpferden gezogene Fässer, Wagen und Leitern polterten vorbei, und die Flammen der Fackeln leckten über die Spiegel. Doch im getrübten Bewußtsein der sterbenden Sängerin verwandelte sich dieser ganze Wust von offiziellem Fieberlärm, dieser rasende Galopp von Hammelpelzen und Helmen, dieser Armvoll überwältigter und unter Bewachung abgeführter Klänge zu einem Signal in einer Orchesterouvertüre. In ihren kleinen, unschönen Ohren erklangen klar und deutlich die letzten Takte der Ouvertüre zu ›I due Foscari‹, jener Oper, mit der sie in London ihr Debüt gegeben hatte ...«

»Sie richtete sich leicht von ihrem Bett auf und sang, was sie zu singen hatte, doch nicht etwa mit jener wohltönenden, metallen-klaren und geschmeidigen Stimme, die ihren Ruhm begründet hatte und die von allen Zeitungen gepriesen wurde, sondern mit jener ungeschulten Bruststimme, die sie als fünfzehnjähriges Mädchen gehabt hatte, mit einer unsauberen, unkontrollierten Stimmführung, für die sie einst von Professor Cattaneo so sehr getadelt worden war.«

»Leb wohl, Traviata, Rosina, Zerlina ...«

1928

Ich habe keine Manuskripte, keine Notizbücher, keine Archive. Ich habe keine Handschrift, weil ich niemals schreibe. Ganz allein in Rußland arbeite ich nach meiner Stimme, doch ringsum schreibt das dickfellige Pack. Was zum Teufel bin ich für ein Schriftsteller! Raus mit euch, ihr Dummköpfe!

Dafür habe ich viele Bleistifte, alle gestohlen und in bunten Farben. Zuspitzen kann man sie mit einem »Gillette«-Rasiererchen.

Die kleine Gillette-Rasierklinge mit ihrem leicht schartigen und geneigten Rand ist mir immer als eines der vornehmsten Erzeugnisse der Stahlindustrie erschienen. Die gute Gillette-Klinge schneidet wie ein Riedgras, läßt sich biegen, doch bricht nicht in der Hand – ein wenig Visitenkarte eines Marsmenschen, ein wenig Notizzettelchen eines gewissenhaften Teufels mit dem in der Mitte hineingebohrten Loch.

Die kleine Gillette-Rasierklinge ist das Erzeugnis eines Todes-Trusts, dem als Aktieninhaber ganze Rudel amerikanischer und schwedischer Wölfe angehören.

...

Es gibt einen herrlichen russischen Vers, den zu wiederholen ich nicht müde werde in den hundefleischigen

Moskauer Nächten, einen Vers, durch dessen Beschwörungskraft gehörnte Höllengeister vertrieben werden. Ratet, meine Freunde, um welchen Vers es sich handelt – als Schlittenkufe schreibt er in den Schnee, als Schlüssel kreischt er im Schloß, als Frost schießt er ins Zimmer herein:

... Hab keine Unglücklichen erschossen in den Gefängnissen ...*

Dies ist ein Symbol der Zuversicht, dies ist der authentische Kanon eines wirklichen Schriftstellers, des Todfeindes der Literatur.

Im Herzen-Haus wacht ein gewisser Milchsuppenvegetarier, Philologe mit Chinesenköpfchen – kommt angetrippelt, chao-chao, schango-schango, wenn Köpfe abgehackt werden, von der Sorte derer, die auf Zehenspitzen über die blutige sowjetische Erde gehen, ein gewisser Mitka Blagoj, von den Bolschewiken zum Wohle der Wissenschaft zugelassenes Miststück aus dem Lyzeum. Der wacht also in einem Spezialmuseum über den Strick, mit dem sich Serjoscha Jessenin erhängt hat.

...

Die Liste der Mörder russischer Dichter oder Anwärter auf diesen Mörderstand hat sich um den trüben

* aus einem Gedicht des russ. Lyrikers Sergej Jessenin (1895–1925; Selbstmord). Anmerkung des Übersetzers.

Namen Gornfelds vermehrt. Dieser paralytische d'Anthès*, dieser Onkel Monja von der Bassejnaja-Straße, der Sittlichkeit und Staatstreue predigt, hat den Auftrag eines ihm völlig fernstehenden Regimes ausgeführt, eines Regimes, das er ungefähr wie eine Magenverstimmung empfindet.

Durch die Hand Gornfelds umzukommen, ist ebenso dumm, wie von einem Fahrrad überfahren oder von einem Papageienschnabel zerpickt zu werden. Doch Dichtermörder kann selbst ein Papagei sein. Mich zum Beispiel hat beinah ein Papageienplapperchen namens »Seine Majestät König Albert« und »Wladimir Galaktionowitsch Korolenko« umgebracht. Ich bin sehr froh, daß mein Mörder lebt und mich in einem gewissen Sinne überlebt hat.

...

Nein, so gewährt mir doch meine Gerichtsverhandlung! Gestattet doch, daß die Dinge ins Protokoll aufgenommen werden ... Laßt mich mich selber sozusagen der Akte einverleiben. Beraubt mich nicht, so bitte ich euch inständig, meines Prozesses ... Das Verfahren ist noch nicht abgeschlossen und, so wage ich euch zu versichern, wird niemals abgeschlossen sein. Was bis-

* Georges d'Anthès: Offizier der Kavalleriegarde, der den russ. Dichter Alexander Puschkin (1799–1837) nach gesellschaftlichen, dem Zarenhof wohlbekannten Intrigen am 27. Januar 1837 im Duell tödlich verletzte. Anmerkung des Übersetzers.

her geschah, war nur die Ouvertüre. Die Sängerin Bosio höchstpersönlich wird bei meinem Prozeß singen. Bärtige Studenten in karierten Plaids, die sich unter die pelerinenbekleideten Gendarmen gemischt haben, werden, angeführt von einem Ziegenbock und Chordirigenten, in ungestümer Begeisterung, als sei's ein Tanzlied, »Ewiges Andenken« singen und einen Polizeisarg mit den Überresten meiner Angelegenheit aus dem verqualmten Saal des Kreisgerichtes tragen.

...

Es waren zwei Brüder Chénier* – der verachtungswürdige jüngere gehört ganz der Literatur, der hingerichtete ältere hat diese seinerseits hingerichtet.

Gefängnisaufseher lieben Romanlektüre und benötigen die Literatur mehr als irgendwer.

In einem bestimmten Jahre meines Lebens erhoben erwachsene bärtige Männer in behörnten Fellmützen einen Feuersteindolch über mir zum Zwecke meiner Kastration. Allen Anzeichen nach mußten es die Priester ihres Stammes sein: sie rochen nach Zwiebeln, Romanen und Ziegenfleisch.

* *Chénier Marie-Joseph* (1764–1811): Theaterautor, in der franz. Revolution offizieller Schriftsteller unter Robespierre, heute vergessen. *Chénier André* (1762–1794): von Mandelstam sehr geschätzter Dichter, begrüßte die franz. Revolution, stand jedoch den Gemäßigten nahe, lehnte sich gegen die Hinrichtungsexzesse auf und wurde am 25. Juli 1794 selber zur Guillotine geführt und enthauptet – zwei Tage vor dem Sturz des Robespierreschen Terror-Regimes.

Und alles war schrecklich, wie im Traum des Kleinkindes. NEL MEZZO DEL CAMMIN DI NOSTRA VITA* – in der Mitte des Lebensweges wurde ich im sowjetischen Waldesdickicht von Räubern angehalten, die sich als meine Richter bezeichneten. Es waren Greise mit sehnigen Hälsen und kleinen Gänseköpfen, die unwürdig waren, die Last ihrer Jahre zu tragen.

Das erste und einzige Mal in meinem Leben hätte ich die Literatur gebraucht, und sie machte sich daran, mich zu zerknüllen, zu brechen und zu erdrücken, und alles war schrecklich wie im Traum des Kleinkindes.

...

Ich reiße selber den Pelz der Literatur von meinen Schultern und zertrete ihn mit meinen Füßen. Nur mit der Joppe auf den Schultern werde ich bei dreißig Grad unter Null dreimal alle Ringstraßen Moskaus ablaufen. Ich werde aus dem gelben Krankenhaus unter den Komsomol-Arkaden weglaufen, der tödlichen Verkühlung entgegen, nur um die zwölf erleuchteten Judasfenster des unflätigen Hauses am Twerskoj-Boulevard nicht sehen zu müssen, nur um das Klirren der Silberlinge und das Abzählen der Druckbogen nicht hören zu müssen.

...

* Beginn von Dante Alighieris »Inferno«, dem ersten Teil der »Divina Commedia«. Anmerkungen des Übersetzers.

Mit jedem Jahr werde ich durchtriebener. Wie mit der stählernen Lochzange des Schaffners bin ich gänzlich durchlöchert und abgestempelt von meinem eigenen Familiennamen. Wenn man mich höflich mit Vor- und Vatersnamen anspricht, zucke ich jedesmal zusammen, kann mich überhaupt nicht daran gewöhnen – welch eine Ehre! Hätte irgendwer Iwan Mojssejitsch nur einmal im Leben so genannt! ... He da, Iwan, striegle die Hundefelle! Mandelstam, striegle die Hundefelle! Zum kleinen Franzosen – cher Maître, werter Herr Lehrer, und zu mir: Mandelstam, striegle die Hundefelle! Jedem, was ihm zukommt.

Ich bin ein alternder Mensch, ein abgenagtes Stück Herz, und striegle die Herrenhunde – und es ist ihnen immer noch nicht genug, immer noch nicht genug ... Mit Hundezärtlichkeit schauen mich russische Schriftstelleraugen an und flehen: so krepier doch! Woher nur rührt diese Lakaienmißgunst, diese liebedienernde Verachtung meinem Namen gegenüber? Ein Zigeuner hatte nur ein Pferd, doch ich bin Zigeuner wie Pferd in einer Person ...

...

So sehr ich mich auch anstrengen mag, und selbst wenn ich Pferde auf meinem Rücken tragen würde und Mühlsteine drehen machte, werde ich dennoch nie ein Werktätiger sein können. Meine Arbeit wird, wie immer sie sich äußern möge, als Ungezogenheit aufgenommen, als Gesetzlosigkeit, als etwas Zufälliges. Aber dies ist ja mein Wille, ich bin damit einverstanden. Ich unterschreibe mit beiden Händen.

1929/1930

Puschkin und Skrjabin – zwei Verwandlungen der einen Sonne, zwei Verwandlungen des einen Herzens. Zweimal hat der Tod eines Künstlers das russische Volk versammelt und über ihm eine Sonne entfacht. Sie gaben uns das Beispiel eines gemeinschaftsbezogenen, russischen Hinscheidens, starben einen *vollen* Tod, wie man ein volles Leben leben kann; ihre Persönlichkeit weitete sich im Sterben zum Symbol eines ganzen Volkes, und das Sonnenherz des Sterbenden war für immer angehalten im Zenit des Leidens und des Ruhmes.

Ich möchte von Skrjabins Tod als vom höchsten Akt seines Schaffens sprechen. Mir scheint, man dürfe den Tod eines Künstlers nicht von der Kette seiner schöpferischen Leistungen ausschließen, sondern müsse ihn vielmehr als das letzte, das Schlußglied der Kette betrachten. Von diesem gänzlich christlichen Gesichtspunkt aus macht einen der Tod Skrjabins staunen. Er ist nicht nur bemerkenswert als das unglaubliche postume Wachstum eines Künstlers in den Augen der Masse, sondern wirkt auch gleichsam als Quelle dieses Schaffens, als dessen teleologischer Grund. Nimmt man die Decke des Todes ab von diesem schöpferischen Leben, so wird es frei aus seinem

Grunde, aus dem Tod hervorströmen, sich um diesen Tod herum anordnen wie um seine Sonne und deren Licht in sich aufnehmen.

Puschkin begruben sie in der Nacht. Begruben ihn heimlich. Die marmorne Isaakskathedrale – prachtvoller Sarkophag – wartete vergeblich auf den Sonnenkörper des Dichters. Nachts legten sie die Sonne in den Sarg, und im Januarfrost knirschten die Schlittenkufen, welche die sterblichen Überreste zur Beerdigungszeremonie hinwegtrugen.

1915

Gedichte

WARUM MAG DIE SEELE nur singen,
Sind so wenig Namen mir lieb,
Ist der Rhythmus – Zufall, ein blinder,
Kommt er jäh, als Nordwind, ins Lied?

Er hebt auf den Staub, auf zu Wogen,
Und er rauscht mit Papier, seinem Laub,
Und er kehrt nicht zurück, niemals – oder
Kommt als ganz Andrer, verwandelter Laut.

O du Wind des Orpheus, du großer,
Du ziehst meerwärts, hin in sein Licht,
Eine unerschaffene Welt liebkosend
Vergaß ich das unnütze »Ich«.

Und da irrt ich durch zierliches Dickicht,
Eine Grotte – blau – war mein Fund ...
Ist es wahr, und bin ich wirklich,
Und ob der Tod auch wirklich kommt?

1911

EIN LUTHERANER

Ich traf beim Gotteshaus der Protestanten
Spazierengehend einen Leichenzug –
Zerstreut war ich, und doch war dem Passanten
Der grimmig-stumme Aufruhr gut genug.

Mein Ohr erreichte nicht die fremde Sprache,
Nur das Geschirr der Pferde glänzt – Metall,
Der Fahrdamm gab sich feiertäglich, machte
Den trägen Hufen dumpf den Widerhall.

Im Dämmer, weich-elastisch, einer Kutsche
Wahrt eine Heuchlerin, die Trauer, ihre Pose,
Ganz wortlos, ohne Tränen, karg und kurz nur
Blinkt herbstlich eine Knopflochrose.

Als langes schwarzes Band zogen die Fremden,
Verweinte Damen schritten in Begräbnisruhe –
Gerötet unterm Schleier. Und da lenkte
Starrköpfig fort der Kutscher seine Fuhre.

Wer du auch warst, entschlafener Lutheraner –
Man hat ganz leicht und schlicht dich beigesetzt,
Den Blick von einer Träne recht verhangen,
Das Glockenspiel – verhalten, bis zuletzt.

Schön reden, dachte ich, bringt uns nicht weiter,
Uns lockt kein Himmel, keine Hölle kann uns hetzen,
Propheten sind wir keine, nicht mal Wegbereiter –
Im blassen Mittag brennen wir, wie Kerzen.

1912

DIESE NACHT – nicht gutzumachen,
Doch bei euch brennt noch ein Licht.
Vor Jerusalem entfachte
Sonne: schwarz erhebt sie sich.

Gelbe Sonne, größerer Schrecken –
Bàju – bàjuschki – bajù:
Hell der Tempel, und sie betten
Mutter hier zur letzten Ruh.

Fruchtlos ihre Gnade suchend,
Aller Priesterschaft beraubt,
Stehn im Tempellicht – die Juden:
Sangen eines Weibes Staub.

Über Mutters Sarg die Lieder,
Israeliten, feierlich.
Ich erwach in meiner Wiege –
Um mich: schwarzes Sonnenlicht.

1916

In ungeheurer Höhe, dort – ein irrer Schein,
Ob je ein Stern so zuckt und flirrt?
Du gläserner, du Stern, du irrer Schein:
Petropolis, dein Bruder, stirbt.

Dort oben geht ein Traum, ein irdischer, der brennt,
Ein grüner Stern fliegt auf, entschwirrt.
O Stern! Der Wasser- und der Himmelsfreund:
Petropolis, dein Bruder, stirbt.

Und geisterhaft ein Schiff, dort oben geht es um
Und jagt, die Flügel ausgestreckt.
Du grüner Stern! In seinem reichen Bettlertum:
Petropolis, dein Bruder, stirbt.

Das Frühjahr, gläsern, brach, und schwarz rinnt die Newa,
Das Lebenswachs – es schmilzt, verwirkt.
Und bist du Stern, ist dieser Ort dir nah:
Petropolis, dein Bruder, stirbt.

1918

Wie herrlich du die Wörter sprichst –
So rufen wilde Vögel, soll ichs deuten:
Lebendig aus der Stimme brichts
Wie Seide und wie Wetterleuchten.

Ssst! – der Dich da ruft, bin ich, ja: ich!
Schscht! – der Kopf wird plötzlich schwerer.
So rauscht es weit und rund um Dich:
Auch ich leb hier, auf dieser Erde.

Sollen sie doch sagen: Liebe – voller Flügel,
Um hundert Flügel reicher – Er, der Tod.
Noch will die Seele sich nicht fügen,
Und unsre Lippen – fliegen, rot.

Und wieviel Wind da, Luft und Seide
Bei Dir, in Deinem Flüstern wohnt –
Wie Blinde trinken wir nun beide
Die Nacht lang Sonnenleere, ungewohnt.

1918

Schwestern: Schwere und Zartheit, wie sehr sie sich
gleich sind!
Die Immen, die Wespen – mit der nährenden Rose gepaart.
Sterbend der Mensch. Die Wärme des Sands: bald
entweicht sie,
Gestern strahlende Sonne – auf schwarzer Bahre aufgebahrt.

Ach die Waben, die schweren, die zarten Gewebe,
Jeder Stein scheint mir leichter: dein Name – nichts ist
schwerer gesagt!
Eine einzige, goldene Sorge noch bleibt mir im Leben:
Von der Zange der Zeit mich befreien mit einem einzigen
Schlag.

Dunklem Wasser gleich – tieftrübe Luft hier zu atmen.
Die Rose war Erdreich, und die Zeit ist gepflügt...
Die Wirbel des Wassers, die Rosen, die schweren
und zarten,
Rosen: Schwere und Zartheit – hast vereint du
zu Kränzen gefügt.

März 1920

ARMENIEN (IV)

Den Mund verhüllt, eine taufeuchte Rose,
In Händen die achteckigen Waben,
Morgenlang aufrecht am Rande der Welt
Standest du und schlucktest die Tränen.

Und wandtest dich ab vor Scham und vor Trauer
Von den bärtigen Städten des Ostens;
Nun ruhst du da auf muskatenem Lager
Und sie nehmen dir die Totenmaske ab.

25. Oktober 1930

LENINGRAD

Meine Stadt find ich wieder, mir zum Weinen vertraut
Wie ein kindliches Fieber, wie ein Äderchen, Haut.

Leningrad siehst du wieder – so schluck schon den Tran!
Der den Uferlaternen entströmt wie ein Wahn...

Und erkenn ihn, den Tag, wie dezembrig er ist,
Wo dem düsteren Teer sich ein Eigelb beimischt.

Petersburg! Nein ich will noch nicht sterben, noch nicht!
Denn du hast meine Nummern, Telephone, Nachricht.

Petersburg! Denn ich hab noch Adressen auf mir,
Wo ich Tote noch finde, ihr Stimmengewirr.

Und im Hinterhaus wohn ich, an die Schläfe mir springt
Eine Klingel, zerrissen, vom Fleisch noch umringt –

Ganze Nächte lang wart ich auf Gäste bei mir,
Zerr die eisernen Ketten da weg von der Tür.

Dezember 1930

HILF MIR, HERR, nur durch diese Nacht:
Meine Angst – ums Leben, wie um Deinen Knecht.
Petersburg: ein Sarg. In Särgen lebt man schlecht.

Januar 1931

Für den pochenden Mut einer künftigen Zeit,
Für die Menschen von freierem Stamm –
Blieb mein Becher beim Gastmahl der Väter verwaist,
Und der Frohsinn, die Ehre: entrann.

Und das Wolfshund-Jahrhundert, es springt auf mich los,
Doch ich bin nicht von wölfischem Blut,
Stopf mich Mütze hinein in den Ärmel getrost,
In den Pelz der sibirischen Glut –

Nicht die Feigheit zu sehn, nicht den elenden Schlamm,
Nicht die blutigen Knochen im Rad:
Nein der blaue Polarfuchs soll strahlen, nachtlang –
Und so ursprünglich-schön wie ich's mag.

Hin zum Fluß Jenissej führ mich weg, in die Nacht,
Wo die Kiefer zum Stern reicht so stumm –
Denn ich bin nicht von wölfischem Blut, und das macht:
Wer mir gleichkommt, nur der bringt mich um.

17.–28. März 1931

Wimpernhaar, stechend. Im Innern – die Träne, verkocht.
Angstlos erahn ich: Gewitter zieht auf, noch und noch.
Seltsam, ein Jemand da drängt mich: vergiß! und er droht.
Erstickend, und doch will ich leben – bis auf den Tod.

Richtet sich auf von der Pritsche beim frühesten Laut,
Schläfrig und wirr ist sein Blick, wie er um sich nun schaut –
So singt der Häftling zu der Zeit sein heiseres Lied,
Wenn überm Lager ein Streifen von Röte einzieht.

März 1931

Nein ich find kein Versteck vor der großen Stumpfheit
Hinterm Moskauer Fuhrkutscher-Leib –
Ich: der Kirschkern in der Tram einer schrecklichen Zeit,
Und ich weiß nicht, wozu ich noch bleib.

Du und ich fahren Trambahn, die »B« und die »A«,
Werden sehen, wer eher noch stirbt.
Moskau ballt sich zusammen, steht sperlingsklein da,
Oder wächst dann: ein Luftkuchen, wirr …

Aus der Höhlung da droht es uns, hastig und hart,
Wenn du willst, so geh hin – doch mir graut,
Hab zu kalt unterm Handschuh, zu kalt für die Fahrt
Um die Stadt, um die Hure Moskau.

April 1931

Nun bewahr es, auf immer, mein Wort – für die Spuren
von Unglück und Rauch,
Für das Harz einer Freundesgeduld, für den Teer des Gewissens, der Mühe …
In den Schächten von Nowgorod: schwarz steht das Wasser,
gesüßt, ohne Laut,
Daß der Stern in der heiligen Nacht dort sein Bild auf die
Schwärze hin trüge.

Ich verspreche dafür, du mein Vater, mein Freund und mein
rauher Gehilfe,
Daß einst, abtrünnig, ich, nur ein Bruder, vom Volksstamm
verkannt,
Der tatarischen Horde Gerüste erbaue, so dunkle und tiefe,
Daß sie mich und die Fürsten im Kessel hinabstürzen kann.

Dieser uralte, eisige Richtblock – ach könnt er mich lieben!
Wie sie Stöcke dort schleudern im Garten: und lenken sie
tödlich ins Ziel –
Ja für dies nun geh ich nur im eisernen Hemd durch das
Leben,
Werd sie finden, die Axt dort im Wald – für den letzten, den
köpfenden Hieb.

3. Mai 1931

AN DIE DEUTSCHE SPRACHE

Mir zum Ruin, mir selber widersprechend,
Wie eine Motte in die Flamme schwankt,
Will ich aus unsrer Sprache fort! Aufbrechen –
Nur dem zuliebe, was ich ihr verdank.

Denn zwischen uns herrscht Lob, ohne zu schmeicheln,
Die Freundschaft lebt auch ohne Heuchelei –
So lernen wir denn Ernst und Ehre leichter
Im Westen dort, in fremder Kumpanei.

Du Poesie! Du brauchst Gewittertoben!
Erinnre mich an einen deutschen Offizier:
Um seinen Degengriff rankten sich Rosen,
Sein Mund – der Göttin Ceres nie verliert ...

In Frankfurt damals, als die Väter gähnten,
Von einem Goethe war da noch kein Wort,
Ersann man Hymnen, hüpften Pferdemähnen
Und tänzelten, wie Lettern, stets an Ort.

Ihr Freunde, waren wir schon in Walhalla,
Wo man zusammen seine Nüsse knackt?
Und welche Freiheit gab es da, für alle?
Auch Wege, die ihr mir gewiesen habt?

Und geradewegs aus schönen Almanachen,
Aus ihrer Neuheit, grandios und fein,
Stiegen wir ohne Angst in unsern letzten Nachen,
Wie in den Keller, um einen Krug von Moselwein.

Die fremde Sprache wird mir einst zur Hülle,
Und lang bevor ich's wagte: das Geborensein,
Da war ich Letter, war ich Traubenzeilen-Fülle,
Ich war das Buch, das euch im Schlaf erscheint.

Als ich noch schlief, gesichtslos, unentwickelt,
Da weckte mich die Freundschaft wie ein Schuß.
Gott-Nachtigall, gib mir Pylades' Schicksal,
Sonst nimm mir meine Zunge – kein Verlust.

Gott-Nachtigall, sie wollen mich wieder mischen
Zu neuer Pest und Sieben Jahren Blut.
Der Laut hat sich verengt, die Worte zischen,
Du aber lebst, und ich – der in dir ruht.

8.–12. August 1932

EWALD CHRISTIAN VON KLEIST

Ja zwischen uns herrscht Lob, ohne zu schmeicheln,
Braucht keine Heuchelei, was Freundschaft heißt –
So lernen wir denn Ernst und Ehre leichter
Beim Verseschöpfer Christian von Kleist.

In Frankfurt damals, als die Väter gähnten,
Von Goethe noch kein Wort, nicht mal im Geist,
Da schuf man Hymnen, hüpften Pferdemähnen
Und Fürsten trappelten im engen Kreis.

Ein Krieg – im Kraut der Schokoladenlauben,
Und vorerst weit entfernt noch steht vom Rhein
Die Zottelmütze wütender Kosaken.

Und geradewegs aus schönen Almanachen
Ging er zum Kampf und starb so fein und sauber
Wie er von Beeren sang und Moselwein.

8. August 1932

ACHTZEILER

IV

O Schmetterling, o Muselmanin,
Zerschnitten dein Leichentuchkleid –
Wie übergroß stehst du und leuchtest,
Du Lebeding, sterbensbereit!
Mit Fühlerantennen, den langen,
Getaucht in den Burnus, die Haut,
O Flagge, weiße Totenhülle –
Du falte die Flügel: mir graut!

X

In nadelverseuchten Pokalen
Trinken wir den Ursachen-Wahn,
Berühren die kleinsten der Größen,
Und ein leichter Tod haucht uns an.
Doch dort, wo die Stäbchen sich fügen,
Bewahrt sich sein Schweigen das Kind –
Das Weltall, es schläft in der Wiege,
Wo Ewigkeit, klein noch, beginnt.

November 1933

Dem Andenken Andrej Belyjs

Blaue Augen, das Stirnbein darüber, das brennend da ruht –
Ja dich lockte, verlockte die Welt als: verjüngende Wut.

Und für sie, deine magische Macht (sie war dir zuerkannt),
Sprach man dir nie das Urteil, warst du niemals verdammt.

Als Tiara die Mütze des Toren, die man dir einst bot,
Du türkisblauer Lehrer, du Quäler, Erwähler, Idiot.

Wie ein Schneefall auf Moskau, so brachte Klein-Gogol Wirrwarr,
Unverständlich-verständlich, verworren, so leicht und so klar.

Du Versammler des Raumes, du Zögling, nun endlich am Ziel,
Du Erfinderkopf, Stieglitz, Studentchen, Student, Schellenspiel ...

Schlittschuhläufer, du Erster, epochengetriebener Sohn
Unterm Eisstaub von neuem erfundener Deklination.

Oft geschrieben wird: Mord, doch man liest es als: Lied,
Ist die Einfachheit – Krankheit, versehrt schon vom tödlichen Hieb?

Die Geradheit des Denkens – keine Kinderrevolver-
Halbheit:
Nicht ein Bogen Papier, nein die Botschaft, die Menschen
befreit.

Wie Libellen das Wasser vermissen, gehen nieder aufs Schilf,
So befielen die Bleistifte ihn, dem nun keiner mehr hilft.

Für die herrlichen Nachkommen hielten sie sorgsam
das Blatt –
Und sie schrieben, erbaten Vergebung, von Zweifeln
geplagt.

Zwischen dir und dem Land hier entsteht nun ein
eisiges Band –
Nun so lieg denn, werd jünger, unendlich geradegespannt.

Und sie sollen dich nie fragen, die Jungen, ihr Zukunfts-
verein:
Wie's dir geht dort im Leeren, in Ehren, so rein und – allein!

10. Januar 1934

MEISTERIN der schuldbewußten Blicke,
Bewohnerin der schmalen Schultern, liebenswert:
Aller Männerstarrsinn – zahmgeknickter,
Ertrunknes Mädchen: Sprache, spricht nicht mehr.

Fische ziehn, mit schimmernd-roten Flossen,
Kiemen blähn sich leise. Los, nun greif
Sie, die lautlos nur den »O«-Laut kosten,
Füttre sie mit Brot, mit deinem Leib!

Wir sind keine rot-und-goldnen Schwimmer,
Unser Schwesternbrauch, er lautet so:
Magre Rippen da im warmen Körperzimmer,
Feuchter Glanz der Augen – nutzlos-froh.

Schwung der Brauen: Weg voller Gefahren ...
Lippenwinzling, fliegend-rot betont –
Warum ist (wie einem Janitscharen)
Mir so köstlich dieser halbe Mond?

Türkenmädchen, liebes, sei nicht böse,
Nähe mich mit dir ins blinde Tuch,
Deine dunklen Worte schluck ich, lösche
Meinen Durst an diesem Wasserfluch.

Du, Maria – Sterbenden die hilfreich-helle.
Greif dem Tod voraus, schlaf ein!
Ich steh an der unbeugsamen Schwelle.
Geh doch. Geh schon! Bleib ...

Februar 1934

VERSE VOM UNBEKANNTEN SOLDATEN (I)

Dieser Luftstrom, er soll es bezeugen,
Dieses Herz, und der weit reicht – sein Stoß:
In den Erdbunkern schlingt sie aufs neue,
Jene See, ist ein Stoff, fensterlos.

Und die Sterne, sie wollen verleumden,
Wollen sichten – warum? – jedes Los:
Die Verdammung von Richter und Zeugen,
Und die See, einen Stoff, fensterlos.

Ist ein Manna ohne Namen, Bedeutung:
Sämann Regen erinnert sich schwer –
Wie sie Kreuze zu Wäldern verstreuten,
Diese See und die Keile vom Heer.

Reihen knochiger frierender Menschen
Stehn zum Hungern und Töten parat –
Und ins Grab, allbekannt ist das Ende,
Wird gelegt, anonym, ein Soldat.

So lehr du mich, entkräftete Schwalbe,
Die du lang nicht mehr fliegst und vergißt –
Wie nur kann ich im Luftgrab mich halten
Ohne Steuer und Flügel und List?

Und im Namen von Lermontow, Dichter,
Geb ich dir meinen strengen Bericht:
Wie die Grube den Buckligen richtet
Und das Grab in den Luftraum mich flicht.

Februar-März 1937

Hab verirrt mich am Himmel – was nun?
Wem er nah ist, der soll mir's erklären …
So viel leichter war klangreiches Tun
Euch neun Danteschen Wurfscheiben-Sphären.

Bin dem Leben nie mehr zu entwöhnen,
Vom Erschlagen, Liebkosen nun träumt's –
Daß in Ohren und Augenraum-Höhlen
Florentinisches Sehnen aufschäumt.

Ich will nichts auf den Schläfen, will keinen
Stechend-zärtlichen Lorbeerbehang –
Besser spaltet mein Herz, dieses meine,
Auf zu Scherben von tiefblauem Klang.

Wenn ich, ausgedient, bald schon hier sterbe:
Allen Lebenden lebenslang Freund –
Soll sich Widerhall himmlischer Erde
Hoch und weit in dem Körper zerstreun.

9.–19. März 1937

(Prosa und Gedichte aus dem Russischen übertragen von Ralph Dutli)

Vier Dichter über Ossip Mandelstam

Paul Celan

Notiz

Wie bei kaum einem seiner dichtenden Zeit- und Schicksalsgenossen in Rußland – und diese Dichter, von denen das noch nicht zu Ende gedachte Wort Roman Jakobsons gilt, daß sie von ihrer Generation »vergeudet« wurden, heißen Nikolaj Gumiljow, Welemir Chlebnikow, Wladimir Majakowskij, Sergej Jessenin, Marina Zwetajewa – ist bei dem im Jahre 1891 geborenen *Ossip Mandelstamm* das Gedicht der Ort, wo das über die Sprache Wahrnehmbare und Erreichbare um jene Mitte versammelt wird, von der her es Gestalt und Wahrheit gewinnt: um das die Stunde, die eigene und die der Welt, den Herzschlag und den Äon befragende Dasein dieses Einzelnen. Damit ist gesagt, in welchem Maße das Mandelstammsche Gedicht, das aus seinem Untergang wieder zutage tretende Gedicht eines Untergegangenen, uns Heutige angeht.

In Rußland, der Heimat dieser Dichtung, zählen die Gedichtbände Ossip Mandelstamms (*Der Stein*, 1913, *Tristia*, 1922, und der um die nach der Oktoberrevolution entstandenen Verse vermehrte Sammelband *Gedichte*, 1928) noch immer zum Totgeschwiegenen, Verschollenen, allenfalls am Rande Erwähnten. Eine Neuausgabe der Gedichte Mandelstamms, auch seiner bedeutenden erzählenden und essayistischen Prosa, erschien, eingeleitet von Gleb Struve und Boris Filipow-Filistinsky, 1955 im Tschechow Verlag, New York.

Was den Gedichten zuinnerst eingeschrieben war, das tiefe und mithin tragische Einverständnis mit der Zeit, zeichnete auch dem Dichter seinen Weg vor: im Verlauf der stalinschen ›Säuberungen‹ der dreißiger Jahre wurde Mandelstamm nach Sibirien deportiert. Ob er dort den Tod fand oder, wie auch ›The Times Literary Supplement‹ zu berichten wußte, nach seiner Rückkehr aus Sibirien in dem von den Armeen Hitlers besetzten Teil Rußlands das Schicksal so vieler anderer Juden teilen mußte: dies endgültig zu beantworten, ist zur Stunde noch nicht möglich.

Der geistesgeschichtliche Kontext der Dichtung Ossip Mandelstamms, an der neben Russischem auch Jüdisches, Griechisches und Lateinisches teilhat, die in ihnen mitsprechende religiöse und philosophische Gedankenwelt, ist bislang zu großen Teilen noch unerschlossen. (Die in diesem Zusammenhang zumeist erwähnte Zugehörigkeit des Dichters zu den ›Akmeisten‹ macht nur einen der Aspekte dieser in jeder Hinsicht ungewöhnlichen Dichtung sichtbar.)

Der mit diesem Buch dem deutschsprachigen Leser vorgelegten Auswahl – sie ist, neben einzelnen Übertragungen ins Italienische, Französische, Englische und Deutsche, die erste größere fremdsprachige Auswahl in Buchform – soll zunächst die Chance gegeben sein, die unter den vielen die erste jeder Dichtung bleibt: die des bloßen Vorhandenseins.

9. Mai 1959

Paul Celan

Die Dichtung Ossip Mandelstamms

1. *Sprecher:* 1913 erscheint in Petersburg ein schmaler Gedichtband: »Der Stein«.

Diese Gedichte haben, das erkennt man, Gewicht, man möchte sie, wie die Dichter Georgij Iwanow und Nikolaj Gumiljow bekennen, selbst geschrieben haben, aber – diese Gedichte *befremden.* »Etwas«, erinnert sich die damals im Mittelpunkt des literarischen Lebens stehende und um Worte nicht eben verlegene Sinaïda Hippius, »etwas war da hineingeraten«.

2. *Sprecher:* Etwas Befremdendes – so berichten verschiedene Zeitgenossen – ist auch an dem Autor dieses Gedichtbandes: dem 1891 in Warschau geborenen, in Petersburg und Pawlowsk aufgewachsenen *Ossip Mandelstamm,* von dem unter anderem bekannt ist, daß er in Heidelberg Philosophie studiert hat und gegenwärtig für das Griechische schwärmt.

1. *Sprecher:* Etwas Befremdendes, nicht ganz Geheueres, etwas Ungereimtes. Plötzlich hört man ihn auflachen – bei Anlässen, die eine ganz andere Reaktion erwarten lassen; er lacht viel zu oft und viel zu laut. Mandelstamm ist überempfindlich, impulsiv, unberechenbar. Außerdem ist er von einer nahezu unbe-

schreiblichen Furchtsamkeit: führt der Weg z.B. an einem Polizeigebäude vorbei, so schlägt er einen Haken.

2. *Sprecher:* Und dieser »Hasenfuß« wird unter allen bedeutenden russischen Lyrikern, die das Leben über das erste nachrevolutionäre Jahrzehnt hinausführt – Nikolaj Gumiljow wird 1921 als Konterrevolutionär erschossen; Welemir Chlebnikow, der große Utopiker der Sprache, stirbt 1922 den Hungertod –, dieser so furchtsame Ossip Mandelstamm wird der einzige Unbotmäßige und Kompromißlose sein, »der einzige, der« – wie ein jüngerer Literarhistoriker (Wladimir Markow) feststellt – »nie nach Canossa ging«.

1. *Sprecher:* Die zwanzig Gedichte aus dem Gedichtband »Der Stein« befremden.

Sie sind keine »Wortmusik«, keine aus »Klangfarben« zusammengewobene, impressionistische »Stimmungspoesie«, keine das Wirkliche sinnbildlich überhöhende »zweite« Wirklichkeit. Ihre Bilder widerstehen dem Begriff der Metapher und des Emblems; sie haben *phänomenalen* Charakter. Diese Verse sind, im Gegensatz zu dem sich gleichzeitig Raum greifenden Futurismus, frei von Wortschöpfungen, Wortballungen, Wortzertrümmerungen; sie sind keine neue »Ausdruckskunst«.

Das Gedicht ist hier das Gedicht dessen, der weiß, daß er unter dem Neigungswinkel seiner Existenz spricht, daß die Sprache seines Gedichts weder »Entsprechung« noch Sprache schlechthin ist, sondern *aktualisierte* Sprache, stimmhaft und stimmlos zugleich, freigesetzt im Zeichen einer zwar radikalen, aber gleichzeitig auch der ihr von der Sprache gesetzten Grenzen, der ihr von der Sprache erschlossenen Möglichkeiten eingedenk bleibenden Individuation.

Der Ort des Gedichts ist ein menschlicher Ort, »ein Ort im All«, gewiß, aber hier, hier unten, in der Zeit. Das Gedicht bleibt, mit allen seinen Horizonten, ein sublunarisches, ein terrestrisches, ein kreatürliches Phänomen. Es ist Gestalt gewordene Sprache eines Einzelnen, es hat Gegenständlichkeit, Gegen*ständig*keit, Gegen*wärtig*keit, Präsenz. Es steht in die Zeit hinein.

2. *Sprecher:* Auf solchen (und ähnlichen) Bahnen bewegen sich auch die Gedanken der um Gumiljow und dessen Zeitschriften »Der Hyperboräer« und »Apollon« gruppierten »Akmeisten« oder, wie sie sich ebenfalls nennen, »Adamisten«.

1. *Sprecher:* Die *Gedanken.* Nicht jedoch, oder zumindest nur selten, auch die *Gedichte.*

1. *Sprecher:* »Akmē«, das ist der Höhepunkt und die Reife, die voll entfaltete Blüte.

2. *Sprecher:* Im Gedicht Ossip Mandelstamms will sich das mit Hilfe der Sprache Wahrnehmbare und Erreichbare entfalten, will es in seiner Wahrheit *aktuell* werden.

In diesem Sinne dürfen wir wohl auch den »Akmeismus« dieses Dichters verstehen als *gezeitigte* Sprache.

1. *Sprecher:* Diese Gedichte sind die Gedichte eines Wahrnehmenden und Aufmerksamen, dem Erscheinenden Zugewandten, das Erscheinende Befragenden und Ansprechenden; sie sind *Gespräch.* Im Raum dieses Gesprächs konstituiert sich das Angesprochene, vergegenwärtigt es sich, versammelt es sich um das es ansprechende und nennende Ich. Aber in diese Gegenwart bringt das Angesprochene und durch Nennung gleichsam zum *Du* Gewordene sein Anders- und Fremdsein mit. Noch im Hier und Jetzt des Gedichts, noch in dieser Unmittelbarkeit und Nähe läßt es seine Ferne mitsprechen, bewahrt es das ihm Eigenste: seine Zeit.

2. *Sprecher:* Es ist dieses Spannungsverhältnis der Zeiten, der eigenen und der fremden, das dem mandelstamm'schen Gedicht jenes schmerzlich-stumme Vibrato verleiht, an dem wir es erkennen. (Dieses Vibrato ist überall: in den Intervallen zwischen den Worten und den Strophen, in den »Höfen«, in denen die Reime und die Assonanzen stehen, in der Interpunktion. All das hat *semantische Relevanz.*) Die Dinge treten zueinander, aber noch in diesem Beisammensein spricht die Frage nach ihrem Woher und Wohin mit – eine »offenbleibende«, »zu keinem Ende kommende«, ins Offene und Besetzbare, ins Leere und Freie weisende Frage.

1. *Sprecher:* Diese Frage realisiert sich nicht nur in der »Thematik« der Gedichte; sie nimmt auch – und ebendadurch wird sie zum »Thema« – in der Sprache Gestalt an: das Wort – der Name! – zeigt eine Neigung zum Substantivischen, das Beiwort schwindet, die »infiniten«, die *Nominalformen* des Zeitworts herrschen vor: das Gedicht bleibt *zeitoffen,* Zeit kann hinzutreten, Zeit *partizipiert.*

2. *Sprecher:* Ein Gedicht aus dem Jahre 1910:

Das horchende, das feingespannte Segel.
Der Blick, geweitet, der sich leert.
Der Chor der mitternächtgen Vögel,
durchs Schweigen schwimmend, ungehört.

An mir ist nichts, ich gleich dem Himmel,
ich bin, wie die Natur ist: arm.
So bin ich, frei: wie jene Stimmen
der Mitternacht, des Vogelschwarms.

Du Himmel, weißestes der Hemden,
du Mond, entseelt, ich sehe dich.
Und, Leere, deine Welt, die fremde,
empfang ich, nehme ich!

1. *Sprecher:* Ein Gedicht aus dem Jahre 1911:

Der Schritt der Pferde, sacht, gemessen.
Laternenlicht – nicht viel.

Mich fahren Fremde. Die wohl wissen,
wohin, zu welchem Ziel.

Ich bin umsorgt, ich bin es gerne,
ich suche Schlaf, mich friert.
Dem Strahl entgegen gehts, dem Sterne,
sie wenden – wie es klirrt!

Der Kopf, gewiegt, ich fühl ihn brennen.
Die fremde Hand, ihr sanftes Eis.
Der dunkle Umriß dort, die Tannen,
von denen ich nichts weiß.

2. *Sprecher:* Ein Gedicht aus dem Jahre 1915:

Schlaflosigkeit. Homer. Die Segel, die sich strecken.
Ich las im Schiffsverzeichnis, ich las, ich kam nicht weit:
Der Strich der Kraniche, der Zug der jungen Hecke
hoch über Hellas, einst, vor Zeit und Aberzeit.

Wie jener Kranichkeil, in Fremdestes getrieben –
Die Köpfe, kaiserlich, der Gottesschaum drauf, feucht –
Ihr schwebt, ihr schwimmt – wohin? Wär Helena nicht drüben,
Achäer, solch ein Troja, ich frag, was gält es euch?

Homer, die Meere, beides: die Liebe, sie bewegt es.
Wem lausch ich und wen hör ich? Sieh da, er schweigt, Homer.
Das Meer, das schwarz beredte, an dieses Ufer schlägt es,
zu Häupten hör ichs tosen, es fand den Weg hierher.

1. *Sprecher:* 1922, fünf Jahre nach der Oktoberrevolution, erscheint der zweite Gedichtband Mandelstamms: »Tristia«. Der Dichter – der Mensch, dem die Sprache alles ist, Herkunft und Schicksal – ist mit seiner Sprache im Exil, »unter Skythen«. »Er hat« – und auf diese erste Zeile des Titelgedichts ist der ganze Zyklus gestimmt – »er hat Abschied gelernt – eine Wissenschaft«.

Mandelstamm hat, wie die meisten russischen Dichter – wie Block, wie Brjussow, wie Bjelyi, wie Chlebnikow, wie Majakowskij, wie Jessenin – die Revolution begrüßt. Sein Sozialismus ist ein Sozialismus ethisch-religiöser Prägung; er schreibt sich von Herzen, von Michaïlowskij, von Kropotkin her; und nicht von ungefähr hat sich der Dichter in den Jahren vor der Revolution mit den Schriften Tschaadajews, Leontjews, Rosanows und Gerschensons befaßt. Politisch steht er der Partei der Linken Sozialrevolutionäre nahe.

Die Revolution ist ihm – und hier bekundet sich ein dem russischen Denken eigentümlicher chiliastischer Zug – der Anbruch des Anderen, der Aufstand der Unteren, die Erhebung der Kreatur – eine Umwälzung von geradezu kosmischem Ausmaß. Sie hebt die Erde aus den Angeln:

2. *Sprecher:*

Die Freiheit, die da dämmert, laßt uns preisen,
dies große, dieses Dämmerjahr.

Hinabgesenkt der schwere Wald der Reusen
in Wassernächte, wie noch keine war.
In Finsternisse trittst du, taub und dicht,
du Volk, du Sonne-und-Gericht.

Das Schicksalsjoch, ihr Brüder, sei besungen,
das, der das Volk führt, weinend trägt.
Das Joch der Macht und die Verfinsterungen,
die Last, die uns zu Boden schlägt.
Wer, Zeit, ein Herz hat, hört damit, versteht:
er hört dein Schiff, Zeit, das zur Tiefe geht.

Dort, kampfbereit, die Phalanx – dort: die Schwalben!
Wir schlossen sie zusammen, und – ihr sehts:
Die Sonne – unsichtbar. Die Elemente, alle:
lebendig, vogelstimmig, unterwegs.
Das Netz, die Dämmrung: dicht. Und nichts erglimmt.
Die Sonne – unsichtbar. Die Erde schwimmt.

Nun, wir versuchen es: Herum das Steuer!
Es knirscht, ihr Linkischen – los, reißts herum!
Die Erde schwimmt. Ihr Männer, Mut, aufs neue!
Wir pflügen Meere, brechen Meere um.
Und denken, Lethe, noch wenn uns dein Frost durchfährt:
Der Himmel zehn war uns die Erde wert.

1. *Sprecher:* Die Horizonte verfinstern sich – der Abschied setzt sich ins Recht, die Erwartung tritt zurück, die Erinnerung beherrscht das Zeitfeld. Zum Erinnerten gehört für Mandelstamm auch das Jüdische:

Diese Nacht: nicht gutzumachen,
bei euch: Licht, trotzdem.
Sonnen, schwarz, die sich entfachen
vor Jerusalem.

Sonnen, gelb: größres Entsetzen –
schlaf, eiapopei.
Helles Judenhaus: sie setzen
meine Mutter bei.

Sie, die nicht mehr priesterlichen,
gnad- und heilsberaubt,
singen aus der Welt, im Lichte,
eines Weibes Staub.

Judenstimmen, die nicht schwiegen,
Mutter, wie es schallt.
Ich erwach in meiner Wiege,
sonnenschwarz umstrahlt.

2. *Sprecher:* 1928 erscheint wieder ein Gedichtband – der letzte. Zu den ersten beiden Sammlungen, die er enthält, ist eine neue hinzugekommen. »Kein Atem mehr – das Firmament voll Maden« –: diese Zeile eröffnet den Zyklus. Die Frage nach dem Woher wird dringender, verzweifelter – die Dichtung – in einem seiner Essays über die Poesie nennt Mandelstamm sie einen *Pflug* – reißt die untersten Zeitschichten auf, die »Schwarzerde der Zeit« tritt zutage. Das mit dem Wahrgenommenen sprechende, schmerzende Auge

entwickelt eine neue Fähigkeit: es wird visionär; es begleitet das Gedicht in seine Untergänge. Der Dichter schreibt sich einer *anderen,* »fremdesten« Zeit zu.

1. *Sprecher:* DER ERSTE JANUAR 1924

Die Zeit, wer ihr die Stirn geküßt, die wundgequälte,
er denkt, ein Sohn, noch oft in Zärtlichkeit,
wie sie, die Zeit, sich draußen schlafen legte
im hochgehäuften Weizen, im Getreid.

Wer des Jahrhunderts Lider je emporgehoben
– die beiden Schlummeräpfel, schwer und groß –,
der hört Geräusch, der hört die Ströme tosen
der lügenhaften Zeiten, pausenlos.

Jahrhundert, herrisches, mit lehmig-schönem Munde
und zweien Äpfeln, schlafend – doch
eh's stirbt: zur Hand des Sohns, die schrumpfte,
neigt es sich mit der Lippe noch.

Der Lebenshauch, ich weiß, verebbt mit jedem Tage,
ein kleines noch, ein kleines – und
erstorben ist das Lied von Kränkung, Lehm und Plage,
mit Blei versiegeln sie dir diesen Mund.

O Lehm-und-Leben! O Jahrhundert-Sterben!
Nur dem, ich fürcht, erschließt er sich, dein Sinn,
in dem ein Lächeln war, ein hilfloses – dem Erben,
dem Menschen, der sich selbst verlorenging.

O Schmerz, o das verlorne Wort zu suchen,
o Lid und Lid zu heben, krank und schwach,
Geschlechtern, fremdesten, mit Kalk in deinem Blute
das Gras zu pflücken und das Kraut der Nacht!

Die Zeit. Der Kalk im Blut des kranken Sohnes
wird hart. Die Truhe Moskau, hölzern, schläft.
Die Zeit, die Herrscherin. Und nirgends ein Entkommen...
Der Apfelduft des Schnees, wie eh und je.

Die Schwelle hier: ich wollt, ich könnt sie lassen.
Wohin? Die Straße – Dunkelheit.
Und, als wärs Salz, so weiß, dort auf dem Pflaster,
liegt mein Gewissen vor mich hingestreut.

Durch Gassen hin, verwinkelte, durch Schlippen
geht nun die Reise, irgendwie:
ein schlechter Fahrgast sitzt in einem Schlitten,
zerrt sich die Decke übers Knie.

Die Gassen, schimmernd, Gassen, Abergassen,
die Kufe knirscht wie Äpfel unterm Zahn.
Die Schlaufe da, ich krieg sie nicht zu fassen,
sie wills nicht, und die Hand ist klamm.

Nacht, Kärrnerin, mit was für Schrott und Eisen
kommst du durch Moskau hergerollt?
Da schlagen Fische auf, und da, aus rosigen Häusern,
dampfts dir entgegen – Schuppengold!

Moskau, aufs neue. Ach, ich grüß dich, wieder!
Vergib, verzeih – mein Unglück war nicht groß.

Ich nenn sie gern, wie immer, meine Brüder:
den Spruch des Hechts und ihn, den harten Frost!

Der Schnee im Himbeerlicht der Apotheke ...
Ein Klappern, fernher, eine Underwood ...
Der Kutscherrücken ... Die verwehten Wege ...
Was willst du mehr? Sie bringen dich nicht um.

Der Winter – schön. Und himmelhin die weiße,
die Sternenmilch – es strömt, verströmt und blinkt.
Die Roßhaardecke knirscht an den vereisten,
den Kufen hin – die Roßhaardecke singt!

Die Gäßchen, qualmend, das Petroleum, immer –:
verschluckt der Schnee, der himbeerfarben war.
Sie hörn die Sowjet-Sonatine klimpern,
erinnern sich ans zwanziger Jahr.

Reißt es mich hin zu Schmäh- und Lästerworten?
– Der Apfelduft des Frosts, aufs neue er –
O Eid, den ich dem vierten Stand geschworen!
O mein Gelöbnis, tränenschwer!

Wen bringst du um noch? Wen wirst du noch rühmen?
Und welche Lüge, sag, fällt dir noch bei?
Reiß jene Knorpel weg, die Tasten der Maschine:
vom Hecht die Gräte legst du frei.

Der Kalk im Blut des kranken Sohns: er schwindet.
Ein Lachen, selig, macht sich los –
Sonaten, mächtige ... Die kleine Sonatine
der Schreibmaschine –: deren Schatten bloß!

2. *Sprecher:* So kommt es zum Ausbruch aus der Kontingenz: durch das Lachen. Durch jenes, uns bekannte, »unsinnige« Lachen des Dichters – durch das Absurde. Und auf dem Weg dorthin hat das Erscheinende – die Menschen sind abwesend – geantwortet: die Roßhaardecke hat gesungen.

Gedichte sind Daseinsentwürfe: der Dichter lebt ihnen nach.

In den dreißiger Jahren wird Ossip Mandelstamm von den »Säuberungen« erfaßt. Der Weg führt nach Sibirien, die Lebensspur verliert sich.

In einer seiner letzten Veröffentlichungen, dem 1932 in der Leningrader Zeitschrift »Swesda« veröffentlichten Armenischen Tagebuch, finden wir auch einige Aufzeichnungen zu Fragen der Dichtung. In einer dieser Notizen erinnert sich Mandelstamm an seine Vorliebe für das lateinische *Gerundiv.*

Das Gerundiv – das ist das Mittelwort der Leideform der Zukunft.

1960

Pier Paolo Pasolini

Ossip Mandelstam

In meinen Händen halte ich das schmale Buch der Gedichte Ossip Mandelstams, und daneben den dicken Band der Memoiren seiner Frau, der heroischen, beharrlichen Nadeschda Mandelstam. Ich sehe vor mir auch das ausgeblichene und wie beschlagene Photo Mandelstams als Jüngling, ein hübscher jüdischer Jüngling, sinnlich und intelligent. Ich fühle mich wie einer, der eine Grabrede halten oder »staatsbürgerliche« Verse schreiben sollte, wie man 1950 welche schrieb – über ein Ereignis, dessen Sinn die Geschichte aufreißt wie eine Verletzung, dazu bestimmt, unheilbare Wunde zu werden, und so völlig tragisch ist, daß er fast lichtvoll und wunderhaft erscheinen könnte.

Ist Mandelstams Leben ein Leben gewesen? Ich glaube nicht, daß es irgendeinem Leben gleicht, das zu meinen Erfahrungen gehörte, seien sie direkt persönlich, vernommen oder ausgedacht. Es fügt sich nicht der »menschlichen Überlieferung« ein, die uns die Existenzen der andern als einander sehr ähnlich empfinden läßt, oder dann als ein unendlich verschiedenes, jedenfalls einzigartiges Phänomen. Mandelstam hat gelebt wie ein geblendetes Tier auf gänzlich unbekannten Weiden. Seinen Zeitgenossen mag er als ein Mensch wie die anderen vorgekommen sein, als ein Mensch, der zu leben versucht. Davon gibt es ein genaues und unermeßliches Zeugnis, von seiner Lebensgefährtin ... Mandelstam hat tatsächlich, materiell existiert: trat in Erscheinung als einer, der ein reales Leben führte wie alle andern; der Ideen äußerte, auch literarische Ideen; der politische Meinungen hatte; und dem allem entsprechende Handlungen folgen ließ. Und dennoch ist sein Leben über Stationen verlaufen, hat Rhythmen angenommen und Wendungen gekannt, die es nicht als ein Leben erkennen lassen: es war eine ewig kindliche Anstrengung. Ab und zu hat dieses Leben die Illusion, endlich zur Reife gekommen zu sein – und dann freut sich Mandelstam darüber, kennt Pausen eines feinen und geistreichen Glücks; während jedoch nie so sehr wie in diesen Augenblicken sein Leben schmerzlich unvollendet, verweigert und nicht zu verwirklichen scheint.

Vielleicht ist da am Anfang nur ein Irrtum gewesen. Ein banaler Irrtum. Als er zwanzig war, hätte sich Mandelstam nicht an der Universität von Petersburg einschreiben, sondern in Heidelberg oder Paris bleiben sollen. Oder er mußte vielleicht nach Petersburg gehen, wenn es ihm bestimmt war, an den russischen literarischen Bewegungen jener Epoche (Akmeismus, Formalismus) teilzunehmen – doch darauf hätte er in den Westen zurückkehren müssen. Er war Jude, hätte damit nichts verlieren können. Ein Heimatloser wäre er dadurch nicht geworden. Er hätte ein wirkliches Leben gehabt, was es bis dahin auch gewesen war: die

Jugend eines jungen polnischen, bürgerlichen Juden, der seine Geburtsstadt Warschau verläßt auf der Suche nach Intelligenz, Kultur und Zukunft.

Statt dessen bleibt er in Petersburg. Warum? Da beginnt die Absurdität seines Lebens, die keiner anderen Absurdität gleicht, weil das Absurde keine Erklärung zuläßt. Es war also vernünftig und richtig, in Petersburg zu bleiben, die Revolution zu erleben, und sei es auch als ein Dichter, »der sich als Schuldner der Revolution fühlt, ihr jedoch Gaben darbringt, die sie vorläufig noch nicht benötigt«, an den großen historischen Ereignissen jener Jahre teilzuhaben. Es war vernünftig und richtig zu versuchen, einen Posten zu kriegen und sich in die neue Welt einzufügen, die aus der Revolution entstand. Doch schon 1923 – allem noch Kommenden weit voraus! – erhielt er die erste offizielle »Einladung«, keine Gedichte mehr zu veröffentlichen. Als hätte er nicht genug Nerven dafür gehabt, als sei er unfähig gewesen zu irgendeiner Reaktion (nach den Fakten zumindest erscheint es so), hat Mandelstam nicht reagiert: hat sich verteidigt, indem er sich totstellte, hat alles akzeptiert und keinen angeklagt. Auch das war richtig und vernünftig, wenn man bedenkt, daß Mandelstam zur selben Zeit mit wahnwitziger Hellsicht und wahnwitziger Beharrlichkeit seine einsame und innere Opposition begründete, die ihn letztlich zum *Heldentod* führen sollte. Der Widerspruch zwischen einer solchen revolutionären Opposition innerhalb der Revolution und seinen fortwährend unwirksamen, illusorischen Versuchen, alles schweigend beizulegen, das Übel zu beschwichtigen und sich einzufügen – auch dieser Widerspruch ist erklärbar, als ein ganz normales Element des menschlichen Lebens. Wir anerkennen es. Und dennoch, bis hin zur Verhaftung von 1934, bereits mitten in der Stalin-Epoche, fährt Mandelstams Leben fort, seinen besonderen Weg zu nehmen, dessen Modell vielleicht eher als in unserer herkömmlichen Erfahrung in den Träumen oder in den Büchern Kafkas zu finden wäre. Gewiß, doch Kafkas Entfremdung ist – so sagt man – typisch für die kapitalistische Welt; und sie trägt daher im Falle Mandelstams anormale und nicht wiederzuerkennende Züge, denn Mandelstam ist der in einer kommunistischen Welt »entfremdete«, ewig zum Kind gemachte und ohnmächtige Mensch. Was mehr noch als sein beharrlicher und kluger Kampf gegen Stalin tragisch wirkt, sind sein Wunsch, sich zu begnügen, seine kläglichen Versuche, eine Einigung zu finden, seine kleinen Verlagsarbeiten, seine Reisen und seine Umzüge – die ihm so glücklich erschienen – in irgendeine stille Moskauer Wohnung. Und all dies unternahm er wie ein privilegierter, zum Reichtum bestimmter Mann, er, der tatsächlich mit der Kultur eines reichen Mannes ausgestattet war. Indem er sich abmühte in einem Vorraum des Lebens – das dann aber nur das Nicht-Leben jener hätte sein können, welche die Stalin-Diktatur akzeptierten – lebte Mandelstam also ein unwirkliches Leben, für das es *keine Lösung gab.* Vielleicht wird er ein reales Gefühl gehabt haben: das Gefühl, auf der Flucht zu sein. Vielleicht auch nicht. Doch wir wissen nichts davon. Wir sehen ihn im Bemühen, die Vorhölle hinter sich zu lassen, und von den Gründen, die ihn am Leben hielten, haben wir nur das Zeugnis seiner wenigen Gedichte.

Und so verschwand er schließlich in einem Nichts. »Offiziellen Berichten« zufolge soll er in Wtoraja Retschka gestorben sein, einem Durchgangslager in der Nähe von Wladiwostok. Zunächst hatte er einen Zwangsaufenthalt in Tscherdyn verbracht (wo er auch einen Selbstmordversuch unternahm), dann, nach einer kurzen Rast in Moskau, einen Zwangsaufenthalt in Woronesch; 1938 dann die endgültige Verhaftung und die Deportation. (Heute werden in der Sowjetunion seine Werke noch immer im verborgenen gelesen. Der Albtraum ist also durchaus noch nicht zu Ende).

Leichtfüßig, klug, geistreich, elegant, ja sogar exquisit, fröhlich, sinnlich, immer verliebt, redlich, hellsichtig und glücklich, selbst noch im Dunkel seiner Nervenkrankheit und des politischen Schreckens, jugendlich, ja fast jungenhaft, bizarr und kultiviert, treu und erfinderisch, lächelnd und geduldsam, hat uns Mandelstam eine der glücklichsten Dichtungen des Jahrhunderts gegeben, viel glücklicher als diejenige Majakowskijs, und reicher – selbst in einem engeren Kreis – als diejenige Jessenins.

Mandelstam gehört jener Periode der russischen Kultur an, die man Formalismus nennt – auch wenn die historischen Grenzen dieser Periode in seinem Falle erweitert gesehen werden müssen. Er hat auch nicht eigentlich an ihr teilgenommen, und das metalinguistische Interesse des Formalismus blieb ihm fremd: er stellte sich das Problem einer Sprache der Poesie, und löste es, ohne den Bereich der poetischen Sprache zu verlassen. Es gab für ihn einen einzigen Bereich außerhalb: die Politik, die zur Lebenswirklichkeit gewordene Politik. Es ist lachhaft, ihn als einen Meister der »Autonomie der Kunst« auszugeben! Im Bereich der formalen Versuche macht er sich alle Elemente des Formalismus zu eigen, doch gleichsam an deren Ursprung, in einem Moment der Reinheit, die noch nicht in Poetiken und literarischen Manifesten kodifiziert ist: weshalb sich in ihm die leichtsinnige, törichte und tiefgründige, unbekümmerte und absolute, scherz- und schamhafte »Schreibweise« des Formalismus mit den Schreibweisen einer vorangehenden, oder besser – fast zeitgenössischen europäischen Schreibkultur mischt. Paradoxerweise würde ich eher Apollinaire und... Cocteau nennen als etwa Yeats oder Eliot. Und mehr noch: Mandelstam kann es sich nachgerade erlauben, zwei Leidenschaften zu vereinen, nämlich jene für den Surrealismus oder seinen russischen Verwandten, den Kubo-Futurismus, mit jener für den Symbolismus. Wie oft verkörpert sich Mandelstams »Leichtheit« im »harten Gestein« einer mythisch-klassischen Sprache!

Es gibt keine wirkliche Entwicklung innerhalb der Dichtung Mandelstams: sie ist aus einem Stück. Vielleicht nur gerade in seinen letzten Gedichten, besonders in den allerletzten, 1937 in Woronesch geschriebenen, findet man eine größere Abstraktion, und der materielle Hintergrund – Landschaft, Lebensumstände – wirkt dumpfer und grauer. Da gibt es bei Mandelstam nicht mehr die zärtliche Hinwendung zu den häuslichen und etwas albernen Einzelheiten des Alltagslebens, diese mit genießerischem Auge betrachteten »Dinge«, wie es dem Privileg eines Dichters und potentiellen Bürgers, im vornehmsten und bewegendsten Sinne des Wortes, entsprechen würde. Was ihn in Woronesch umgab, war nicht für ihn bestimmt, und seine Heiterkeit, sein Witz, sein Humor, die ihn nie verlassen haben, können sich nun auf sich selber beziehen, nicht mehr auf die ihn umgebende Welt, und verwandeln dadurch eine tragische Situation zu etwas sprachlich Seiltänzerischem.

Mandelstams Inspiration blieb stets dieselbe im Laufe eines unverwirklichten Lebens und einer Geistesbildung, die nicht durch neue Erfahrungen sich erneuern konnte: um zu überleben, mußte er offensichtlich immer wieder auf seine Ursprünge zurückgreifen, aus den Urquellen seiner selbst schöpfen.

Und so gibt es denn wohl kaum ein Gedicht, in dem nicht ein Vers oder ein Verspaar gleichsam als seinen Gegenstand Mandelstams Witz darstellen würde. Fast immer handelt es sich um einen Vers, der zwischen dem leichtfüßigen »Wortjux« und einer auf Analogie gründenden sprachlichen Verknüpfung sich abspielt –

so daß der vergnügte Skandal seiner Schlagfertigkeit und die formale Verblüffung einen Funken jener träumerischen Weisheit erzeugen, welche die ganze Welt als eine verschwiegene und strahlende, von Mandelstam sich zugeeignete oder kraft eines ausdrücklichen Privilegs immer schon in seinem Besitz befindliche Neuheit gleichzeitig begreift und erschafft. »... Beneide ich still einen jeden,/ In jedermann heimlich verliebt«; »Bedeutung ist ein Nichts, das Wort: ein bloßes Rauschen,/ Dient die Phonetik treu – den Seraphim«; »Vom leichten Leben waren wir halb verrückt«; »In der Sowjetnacht, da werd ich beten/ Für das selige, sinnlose Wort«; »Der Welt der Mächtigen war ich nur kindlich verbunden«; »Denn ich bin nicht von wölfischem Blut, und das macht:/ Wer mir gleichkommt, nur der bringt mich um«; »Ich will aus unsrer Sprache fort! Aufbrechen –/ Nur dem zuliebe, was ich ihr verdank«; »Gott-Nachtigall, gib mir Pylades' Schicksal,/ Sonst nimm mir meine Zunge – kein Verlust ...«; »Die Macht ist widerlich wie Baderhände«; »Es ist das Lebende, das dem Vergleich entrinnt«; »Denn alle wollen sie sich sehen nun:/ Geborene, die Abgrundnahen und – die ohne Tod hier weiterschreiten«, usw. usw. Das ganze »Wissen« Mandelstams entfaltet sich auf diese Weise – und bringt vier oder fünf der schönsten Gedichte dieses Jahrhunderts hervor – voller Liebe, ohne Liebe, voller Haß, ohne Haß: ein Kampf gegen das Nicht-Sein, ausgefochten mit der Selbstverständlichkeit eines Traumes, in dem jedoch das Bewußtsein, wenn auch machtlos, so doch hellsichtig wäre und beinahe, auf eine rätselhafte Weise, glücklich.

3. Dezember 1972
(Aus dem Italienischen von Ralph Dutli)

Philippe Jaccottet

Notizen über Mandelstam

Ich glaube, das erste Gedicht von Mandelstam, das ich gelesen habe, war jenes Gedicht von 1921, das mit dem Vers beginnt: »Nachts, vorm Haus, da wusch ich mich«.* Augenblicklich fühlte ich in meinem geistigen Raum, der damals von der Poesie fast verlassen war, wie die Erscheinung eines *Meteors* (hart und strahlend), *Beweis* dafür, daß ich nicht unrecht hatte, ihr noch immer einen Wert beizumessen, und *Modell,* dem ich im übrigen kaum je würde nachtun können. Ich fand in diesen wenigen Worten zunächst den dichteri-

* (Anmerkung des Herausgebers). Die erste deutsche Übertragung dieses Gedichtes stammt von Paul Celan (S. Fischer Verlag, 1959):

»Nachts, vorm Haus, da wusch ich mich –
Grobgestirnter Himmel strahlt.
Auf der Axt, wie Salz, steht Sternenlicht.
Hier die Tonne: randvoll, kalt.

Riegel, vor das Tor gelegt.
Streng die wahre Erde, rauh,
rein die Leinwand, frisch gewebt,
und den Faden sieht kein Aug.

Sternensalz, im Faß zergehend.
Wasser, kalt, muß schwärzer werden.
Reiner nun der Tod und salziger das Elend,
wahrer, furchtbarer die Erde.«

schen Niederschlag realer, der äußeren Welt zugehöriger Dinge, ein Faß, eine Tür mit ihrem Riegel, Salz, eine Axt, Leinwand (daß sie sich nicht unbedingt auf derselben Ebene befanden, spielte keine Rolle). Und dann diese anderen sichtbaren, weiträumigeren, doch durch den lyrischen Gebrauch fast bis zur Unaussprechlichkeit abgenutzten Dinge: Wasser, Nacht, Himmel, Sterne, Erde. Und diese weiträumigen Dinge bekamen nun eine neue Kraft und Wahrheit, einmal deshalb, weil sie mit den ersteren, bescheideneren, häuslichen und konkreten verknüpft waren, und dann auch, weil sie »mit Gewissen« empfunden und ausgesprochen waren, in ihrer ganzen Rauhheit: das schwarze und eisige Wasser, die groben Sterne, die harte Erde.

Was das Gedicht vorführt – ein Mensch, der sich draußen wäscht, in der Kälte der Nacht – kann als irgendein Ereignis gelten, das irgendeine Hypothese zu erhellen vermöchte (durch die Umstände diktierte oder beliebig gewählte Bedingungen, auch wenn diese Szene für uns, die wir wissen, was noch folgen sollte und welche Schatten bereits auf Mandelstams Leben lagen, eine prophetische und tragische Färbung bekommen kann). Doch es ist auch einer jener Augenblicke eines Lebens, die den Dingen, und gerade den abgenutzten oder vergessenen großen, elementaren Wirklichkeiten, schlagartig ihre Unmittelbarkeit zurückgeben, ihr Gewicht, ihre beinah unendlichen Dimensionen.

Der erste Vers also spricht nichts als, sagen wir: Banales aus (und die mit »im Hof« übersetzbaren Wörter können ganz einfach »draußen« bedeuten). Doch bereits im zweiten Vers beginnen zwei Angaben, den Sinn umzubiegen: das russische Wort, das hier für den Himmel steht, bedeutet in Wirklichkeit »Firmament« (ein Wort, das ich im Französischen an der Stelle für unverwendbar halte), also den festen Himmel, den harten Himmel. Und die Sterne, diese faden Engel allzuvieler Gedichte, werden als »grob« bezeichnet, mit einem Adjektiv, das wortgeschichtlich vielleicht mit dem deutschen »grob« verwandt ist. Mehr noch: ihr Licht (ihre »Strahlen« eigentlich, doch kann man hier »Strahlen« oder gar »Schimmer« sagen? Celan übersetzt einfach »Licht«, wie er mit gutem Recht »Himmel« übersetzt hat), ihr Licht also ist »wie Salz auf der Axt« (gemäß der bei Mandelstam häufigen Verbindung von Salz und Sternen). Das Gedicht ist erst bei seinem dritten Vers angelangt, doch unter einem harten Himmel gibt es bereits zwei Dinge, das Salz und die Axt, die an eine bestimmte Welt, an eine gewisse Härte der Lebensbedingungen denken lassen und doch auch viel mehr bedeuten, besonders in ihrem Aufeinandertreffen: die Geschmack verleihende Herbe, das, was den Geschmack gibt und auch brennen und leuchten kann, und andererseits das Schneidende, Verletzende und ebenfalls Leuchtende – zwei weiße Dinge, und kalt wie das Wasser im Faß, das gleich darauf erscheinen wird. Nichts von alledem ist kalkuliert, gesucht oder von der bekannten Extravaganz der Träume: alles ist vollkommen miteinander verknüpft, ganz einfach und nüchtern, alles ist sinngeladen und bewahrt seinen Anteil am Geheimnis.

Ein Detail noch – dieser Hof, falls es sich um einen Hof handelt, hat eine Tür, oder ein Tor, doch es ist mit einem Riegel verschlossen (Dinge aus Holz und aus Eisen): die Nacht, das Draußen sind nicht so vertraut und sicher, daß man ihnen freie Bahn gewähren könnte. Und in diesem geschlossenen Raum (geschlossen wie jener des Fasses, welches das kälterwerdende Wasser einschließt), von wo aus man zuerst den harten Himmel gesehen hatte, entdeckt man nun aufs neue – den Erdboden. Wir sind hier nicht im widerlichen Nebel eines bekannten Lyrismus. Der Himmel ist hart, der Hof verschlossen, die Erde »gewissenhaft«, streng und ohne Milde.

Und da kommt nun, mit dem Weitergleiten zu einem neuen Bild, ein Gedanke zum Ausdruck – nämlich, daß es schwierig sei, ein »Gewebe«, oder auch eine »Unterlage«, einen »Grund« zu finden, der »reiner als die Wahrheit frischer Leinwand« wäre. Das Wort »Gewebe« verweist auf Mandelstams Leidenschaft für »Textilien«, natürliche Metapher für den »Text«, wie man es uns seither nur allzuoft immer wieder eingebleut hat. Doch meiner Ansicht nach handelt es sich hier zuallernächst um das rauhe Handtuch (später wird Mandelstam von »grobkörniger« Ruhe sprechen, im Gedicht auf Belyjs Tod), um das Handtuch, mit dem der Mann, nachdem er sich gewaschen hat, seinen Körper abtrocknet. Da stellt sich nun heraus, daß dies die Achse war, um welche sich das Gedicht gedreht hat. Die Bewegung, die sich gleich zu Beginn angekündigt hatte und die nur jene des kälterwerdenden Wassers war, pflanzt sich fort und bekommt einen Sinn. Stern und Salz sinken verschmolzen ins Wasser des Fasses, das nunmehr eisige Wasser verstärkt seine Schwärze, der Tod erscheint reiner (weniger vermischt, ganzheitlicher), das Elend bitterer, doch hat es auch mehr Geschmack, und die Erde schließlich, der Grund, auf dem wir gehen und uns aufrecht halten, und aufrecht halten müssen – diese Erde erscheint zugleich wahrer und schrecklicher.

Und so gibt es denn am Schluß keine Besänftigung, keinerlei Harmonisierung der Gegensätze, noch auch diese Schlußfortissimos oder Pianissimos, die Geist und Gehör betören. Ganz im Gegenteil: eine gesteigerte Härte, als ob die Welt – Erdboden, Mauern und Dach – ein schwarzes Gestein geworden wäre, doch auch redlichste Materie. Ja, ich habe dieses Gedicht wie einen Block aus Nacht empfunden, hart und kalt, doch gleichzeitig ist diese Härte, diese Kälte eine heftige Taufe, diese Schwärze ist schön wie ein Kohlestück, ja selbst das Elend, selbst der Tod haben eine unmittelbare Kraft, eine Dichte, die ich hier als schön empfinde, vom Herzen ganz und gar gutgeheißen. Und da denke ich an jenen Abschnitt in Simone Weils *Schwerkraft und Gnade*, der von der Lehre des Arbeiters spricht: *Verletzungen: der in den Körper eindringende Beruf. Möge jedes Leiden das Universum in den Körper eindringen lassen.*

Dasselbe Gedicht würde ich auch mit einer kurzen, auf den genannten »Themen« aufgebauten Fuge vergleichen; und diese ist von einer Strenge, die Bachs würdig wäre, Bachs, den Mandelstam in einem Gedicht von 1913 mit den Titeln »herrlicher Streiter« und »unverträglicher Alter« beehrte und den er besonders dafür bewunderte, daß er »in die Musik die Gotik eingeführt« habe, das heißt, laut Mandelstam, jene mit dem Körper des *aufrecht* gehenden Menschen vergleichbare Architektur. Von da wäre ein Bogen zu spannen zum Gewicht, das Mandelstam dem Skelett, dem Gerüst der Knochen wie auch dem Gestein beimißt; und ein anderer – zu den häufig anzutreffenden, instinktiven Verknüpfungen der Welt des Klanges und des Gebirges (wie auch der Kirche), etwa in einem Gedicht von 1919: *Und welche Linie könnt ihn wiedergeben:/ Kristall von hohen Noten hoch im festgefügten Äther ...*

Doch da ist Vorsicht geboten: wenn das Wort »Fuge«, genau wie »Kontrapunkt« und »Polyphonie«, sich einem oft aufdrängen, will man die Struktur der Mandelstamschen Gedichte wiedergeben (und was er von Dante gesagt hat: *der kraftvollste Dirigent, der je die Chemie eines dichterischen Werkes orchestriert hat,* kann dazu nur ermutigen), so ist es doch, wie auch mit Bezug auf Bach, unzulässig, sie als abstrakte oder willkürliche Konstrukte zu verkennen. Ein jedes der Worte dieser Gedichte, die man, seien sie konkret oder bildlich gebraucht, mit Fugen-»Themen« oder oft gar mit »Leitmotiven« vergleichen möchte, ist wie ein Gestirn mit Strahlkraft versehen und befrachtet mit tief gelebter Erfahrung oder tief geträumtem Traum. Ein jedes ist intensiv körperhaft – wie die Skulpturen im großen Luftnetz gotischer Kathedralen.

Dies gilt zum Beispiel auch für diese andere, weiter ausgreifende und komplexere Fuge, die *Griffel-Ode* von 1923, eines der rätselhaftesten und bewundernswürdigsten Gedichte dieser Schaffensperiode.

Auch dieses Gedicht vereint eine ganze Anzahl von Themen, unter denen elementare Gegebenheiten vorherrschend sind, mineralische etwa, wie Feuerstein, Schiefer, Uferkiesel und Eisen, sodann liquide wie das reißende Wasser der Bergbäche oder die Milch (die bei Mandelstam fast immer mit der Welt der Schafe und Ziegen in Berührung steht), und schließlich atmosphärische wie die helle Höhenluft. Und was man da Strophe auf Strophe sich aufbauen sieht mit einer Energie und einer Strenge, die tatsächlich Bachs würdig wäre, ist die unauflösbare Vision einer Sprache, eines neuen Gesanges und einer Landschaft, die gleichsam diese Vision verkörpert – die zugleich reale und geistige Landschaft, auf die sich Mandelstams gieriger Blick mit ganzer Leidenschaftlichkeit zubewegt: abrupte Gebirgslandschaft eben, aus klarer Luft und aus Stein, aus reißendem Wasser und zarter Milch, Nachtlandschaft, Wildnis, wo die Stimme, genau wie der Kiesel, zum »Schüler des fließenden Wassers« wird. Eine Landschaft, von der wir da und dort in diesem Werk die heftig begehrten Teilstücke wiederfinden.

Weit eher als einer Fuge gleicht das andere große Gedicht desselben Jahres 1923, *Der Hufeisenfinder,* einer großen Fantasie und ist von weiter ausgreifendem, offenerem Klang; eine Fantasie, die, anstatt am Schluß zu sich selber zurückzufinden, sich auffaltet und schließlich in einem langsamen »decrescendo« sich auflöst.

Es beginnt wie bei Homer mit der Entwicklung eines »klassischen« Vergleichs (zwischen Wäldern und Schiffen), wo jeder Ausdruck wie spiegelbildlich auf den andern verweist (und da wäre viel zu sagen über Mandelstams Liebe zu Holz und seinen Respekt für die Arbeit des Zimmermannes, an dem er schon 1913 das »räuberische Augenmaß« lobte, als eine wahre Bedingung für Schönheit), doch dann wird der Schwung des Werkes jäh gebrochen durch die einfache Frage: »Wo beginnen?«, welche die Angst dessen an die Oberfläche des Gedichtes treibt, der neu zu sprechen beginnen muß in einer von Redefiguren bereits überladenen Luft, wo ein Wort das andere aufzuwiegen scheint – in einer Welt, deren »gebrechliche Zeitrechnung sich dem Ende nähert«. So daß nun all die Bilder, die am Schluß sich aneinanderfügen und nicht weniger stark und staunenswert sind (vom Hufeisen, das zur Ruhe gekommen ist und noch die Erinnerung an den freien Lauf bewahrt, vom Mund, der die Form des zuletzt gesprochenen Wortes behält, von der Hand, die noch den vollen Krug zu tragen glaubt, wo doch das Wasser bereits zur Hälfte unterwegs verschüttet worden ist, bis hin zu dem Bild der wie Körner ausgesäten Münzen, die von der Zeit benagt in der Erde ruhen) – so daß nun all diese Bilder nur noch *Spuren* besagen: alles was da – angegriffen, doch nicht vernichtet – von einer lebendigen menschlichen Präsenz noch übrigbleibt.

Und jener *Armenien*-Zyklus, von dem, im Oktober-November 1930, in Tiflis, ein fast fünfjähriges Stummsein zerrissen wird wie vom jubelnden Glanz einer Trompete bei Gabrieli? Mir erscheint er wie das taghelle, sonnige Gegenbild zu jenem Nachtstück von 1921, das ich zu Beginn dieser Notizen allzu umständlich zu kommentieren versucht habe: derselbe Zusammenprall, doch diesmal freudig, mit der blendenden Wirklichkeit eines Draußen, mit dem Körper der Welt. Auch hier das Universum, das in den Körper eindringt, doch diesmal als Glück ... Und all die Themen verkettet wie zu einem wilden Lobgesang: Blau des Himmels und Ocker des Lehms, Worte und Töpferhandwerk, Löwe und Vogel, Rose und Schnee, Pferde, springendes Wasser, kühle Bergwelt ...

Beim Lesen dieses Zyklus wie auch der Prosa der *Reise nach Armenien* muß ich an das denken, was Rilke in einem Brief vom 27. Oktober 1915 an Ellen Delp geschrieben hat, über Toledo, wo auf wundersame Weise *das äußere Ding selbst: Turm, Berg, Brücke zu-*

gleich schon die unerhörte, unübertreffliche Intensität der inneren Äquivalente besaß, durch die man es hätte darstellen mögen. Ja, ich glaube, daß Armenien damals für Mandelstam die reale Gestalt jener Landschaft war, die er in der *Griffel-Ode* erspäht hatte und die an anderen Stellen aufgetaucht war, jene Landschaft, die er so heftig sich wünschte; daher das Jubilierende dieser Begegnung und der beiden Werke, die aus ihr hervorgegangen sind. Es war tatsächlich »Sabbatland«, ja mehr noch, das nur kurz erblickte Gelobte Land, bevor er das unheimlich schwarze und gelbe Leningrad wiederfinden sollte und eine Reihe unheilschwerer Jahre bis zum schlimmsten Tod. Es war zunächst ganz einfach ein sonniges Land, wie jenes Tauris in alten Gedichten, das imstande war, in wenigen Tagen den Arm einer geliebten Frau zu bräunen (und für Mandelstam wie für die alten Griechen galt: *Im Totenreich mußt du ganz ohne/ Die sonngebräunten Arme sein*). Ein Land, wo selbst die verhaßte Kälte und der Schnee Freude bescherten. Und dann vor allem und noch einmal ein karges Bergland wie vom Anbeginn der Welt, mit intensiven, lebendigen Farben (wie man sie auf Kinderzeichnungen findet oder bei jenen französischen Malern, die er, kaum aus Woronesch zurück, sofort im Moskauer Puschkin-Museum wiedersehen wollte). Ein Land, wo Kinder zwischen den Grabmälern spielen, ein Land, dessen Sprache mit Krallen versehen und wie Schmiedegerät ist, ein Land der Hirten und der Reiter. Man lese nun die Seiten der *Reise nach Armenien* wieder, wo Mandelstam von seinem Ausflug zu Pferd auf den Berg Alagös spricht. Sie sind ein Schlüssel zu seinem Werk und verknüpfen nicht zufällig die Bergleidenschaft mit der »Molke der Stille«, die um die Nachtunterkünfte der Herden herum spürbar ist, und jenem stolzen Berauschtsein beim Reiten, das Sprachmodell und Lebensmodell geworden ist:

In welcher Zeit möchtest du leben?

– Ich möchte im imperativen Partizip des Futurums, in der passiven Handlungsart leben – im »Zu-Werden-Haben«.

So kann ich atmen. So will es mir gefallen. Da ist das Ehrgefühl des Reiters, banditisch, aufgesessen. Deshalb gefällt mir ja auch das prächtige lateinische »Gerundivum« – dieses Verb auf einem Pferderücken.

Ja, der lateinische Genius schuf, als er jung und gierig war, eine Form der imperativen Zugkraft des Verbs als das Urbild unserer ganzen Kultur – und es ist nicht nur die »Zu-Werden-Habende«, sondern auch die »Gelobt-zu-Werden-Habende« (laudatura est), die mir gefällt …

Mandelstams ganzer Mut, die ganze unnachgiebige Liebe zum Leben eines Dichters, der den als Denkspruch seinem *Gespräch* vorangestellten Dante-Vers *Cosi gridai colla faccia levata* auf sich beziehen konnte (doch später wird er – demütiger, fröhlicher – diese Art, den Kopf zu erheben, auch im Woronescher Stieglitz wiederfinden), sind hier in wenigen Worten verdichtet.

Wenn ich aus größerer Distanz dieses Werk betrachte, so scheint mir, daß nicht nur in diesen schönen Gedichten der Jahre 1920 bis 1930, sondern auch in zahlreichen anderen, weniger bekannten (und im Gegensatz zu dem, was ganz zu Beginn des Werkes sich zeigt, der durch die Feinheit des Tastsinns bezaubert: Schaum, Klöppelspitzen, Reif und Dunst), zwischen dem Dichter und der Außenwelt so etwas wie ein Zusammenprall geschieht, der selbst im Schmerz noch eine Quelle der Erfüllung bleibt. Genau wie man sich freut, unter den Füßen den Fels zu spüren, weil man daraus wie einen Beweis und eine Energie bezieht. Und ganz natürlich leben in einer so beschaffenen Welt Hirten und Reiter, die Geduldigen und die Ungestümen.

Doch wenn die Außenwelt mit noch gesteigerter Intensität angreift, wie das »bis zur Stumpfheit grüne Tal« der *Kanzone* von 1931 oder der »Schnee, der in den Augen beißt« von 1922, so denke ich an jenen Hölderlin nach der Rückkehr aus Bordeaux, der in sich die Erinnerung an den Süden aufsteigen spürt (er, der doch als junger Mann so viel Mühe bekundet hatte, zur Wirklichkeit zu stoßen): *... aus der Stadt, wo/ Bis zu Schmerzen aber der Nase steigt/ Zitronengeruch auf und das Öl, aus der Provence ...* Und man könnte sagen, daß dieser Zusammenprall in zahlreichen spätesten Gedichten Mandelstams, jenen aus Woronesch, sich noch verschärft bis zu einer fast erstickenden Vereinigung (doch das Ersticken unter dem »Samt der Sowjetnacht« und dessen körperliches Abbild, das Asthma, sind schon seit langem spürbar; vom Sommer 1931 stammt der Vers: *Mit jedem Tag wird mir das Atmen schwerer).*

Nicht ich sing mehr, mein Atem singt an meiner Stelle, besagt ein Gedicht vom Februar 1937, und Mandelstam fügt dem ein Bild bei, das von einer außerordentlichen Kraft ist und jenes Gefühl einer Vereinigung nur bestätigt: *Der Kopf ist taub, das Ohr: im Berg, im Futteral.* Und in einem all dem noch vorangehenden Gedicht, in den *Stanzen* vom Mai-Juni 1935, hieß es:

Und in der Stimme, meiner, nach der Atemnot,
Klingt Erde auf, wie eine letzte Waffe nah –
Die trockne Feuchte schwarzen Erdreichs da ...

Hatte es im *Armenien*-Zyklus zwischen dem begehrten Schnee und dem Mund noch jene kühle und wunderbare, »mit der Flöte zu zähmende« Distanz gegeben, so ist einem nun, im Frühjahr 1937, in Woronesch, wo Mandelstam den »leimigen Eid in den Blättern« und die »meineidige Erde« an seine Lippen führt, nicht mehr klar, was hier wohl stärker ist: der Lebenshunger oder die Angst vor dem Ersticken.

In den äußerst herben *Fragmenten aus vernichteten Gedichten* von 1931 liest man diese Verse:

Die Zunge ist ein Bär – sie wälzt sich taub
Im Mund als ihrer Höhle ...

Da ist diese wilde und unbezähmbare Kraft (das »zottige Fell«, das, nach dem griechischen Schildkrötenpanzer, dem Dichter als Lyra dient), diese Kraft, die Mandelstams Holz- und Steinbauten innewohnt und deretwegen er umgebracht wurde – vergeblich umgebracht wurde, denn sein Wort tritt heute neu zutage wie das Wasser von Wildbächen, das einem peitschengleich ins Gesicht schlägt.

1981
(Aus dem Französischen von Ralph Dutli)

Joseph Brodsky

Kind der Zivilisation

Aus unerfindlichen Gründen klingt der Ausdruck »Tod eines Dichters« immer irgendwie konkreter als »Leben eines Dichters«. Vielleicht weil »Leben« wie »Dichter« als Worte in ihrer ausdrücklichen Unbestimmtheit beinahe synonym sind. Wohingegen »Tod« – sogar als Wort – etwa ebenso fest umrissen ist wie das Werk des Dichters, d.h. wie ein Gedicht, in dem die letzte Zeile das Wesentliche ist. Woraus auch immer ein Kunstwerk besteht, es läuft auf das Finale zu, das seine Form mitbestimmt und das Wiederbelebung nicht zuläßt. Auf die letzte Zeile eines Gedichts folgt nichts als Literaturkritik. Wenn wir also einen Dichter lesen, haben wir teil an seinem Tod oder dem seines Werks. Im Falle Mandelstams haben wir teil an beidem.

Ein Kunstwerk ist immer darauf angelegt, seinen Schöpfer zu überdauern. Den Philosophen paraphrasierend, könnte man sagen, daß auch Gedichteschreiben eine Übung im Sterben ist. Was einen aber schreiben läßt, ist, von rein sprachlicher Notwendigkeit einmal abgesehen, nicht so sehr die Sorge um das vergängliche eigene Fleisch als das Bedürfnis, Nachsicht walten zu lassen gegenüber gewissen Dingen der eigenen Welt, der persönlichen Zivilisation, des nichtsemantischen eigenen Kontinuums. Kunst ist nicht eine bessere, sondern eine andere Existenz; sie ist nicht der Versuch, der Realität zu entfliehen, sondern das Gegenteil: ein Versuch, sie zu beseelen. Sie ist der Geist, der einen Leib sucht und Worte findet. Im Falle Mandelstams waren es zufällig die Worte des Russischen.

Für den Geist gibt es möglicherweise keine bessere Unterkunft: Russisch ist eine stark flektierte Sprache. Was bedeutet, daß man das Substantiv leicht ganz hinten am Satzende sitzen finden kann und daß die Endung dieses Substantivs (oder Adjektivs oder Verbs) nach Genus, Numerus und Kasus variiert. All dies verleiht jedem sprachlichen Ausdruck die stereoskopische Qualität der Wahrnehmung selbst, ja, schärft und fördert letztere (bisweilen). Das anschaulichste Beispiel hierfür ist Mandelstams Umgang mit einem der Hauptthemen seiner Dichtung, dem Thema der Zeit.

Nichts ist absonderlicher, als ein analytisches Verfahren auf ein synthetisches Phänomen anzuwenden; zum Beispiel, in Englisch über einen russischen Dichter zu schreiben. Allerdings wäre es bei Mandelstam auch nicht viel leichter, sich eines derartigen Verfahrens in Russisch zu bedienen. Dichtung ist höchste Leistung der gesamten Sprache, und sie zu analysieren heißt nur, den Brennpunkt diffus werden zu lassen. Das gilt in noch stärkerem Maße für Mandelstam, der im Kontext der russischen Dichtung eine extrem einsame Figur ist, und gerade die Dichte seines Brennpunkts ist der Grund seiner Isolation. Literaturkritik ist nur einfühlsam, wenn der Kritiker sich in psychologischer und sprachlicher Hinsicht auf derselben Ebene bewegt. So wie es derzeit aussieht, ist Mandelstam in beiden Sprachen zu einer Kritik verurteilt, die eindeutig »von unterhalb« kommt.

Die Unterlegenheit der Analysen zeigt sich schon am Begriff des Themas, sei es nun ein Zeit-, Liebes- oder Todesthema. Dichtung ist zuallererst eine Kunst der Hinweise, Anspielungen, der sprachlichen und bildlichen Parallelen. Zwischen dem *Homo sapiens* und dem *Homo scribens* klafft ein riesiger Abgrund, weil für den Schreibenden die Vorstellung von einem Thema sich erst aus der Kombination der oben erwähnten Techniken und Verfahren ergibt, wenn überhaupt. Schreiben ist ein buchstäblich existentieller Vorgang; es benutzt das Denken für seine eigenen Zwecke, es verbraucht Begriffe, Themen und dergleichen, nicht umgekehrt. Die Sprache ist es, die ein Gedicht diktiert, die Stimme der Sprache nämlich, der man die Namen Muse oder Inspiration angehängt hat. Es ist daher besser, nicht vom Thema der Zeit in Mandelstams Lyrik zu sprechen, sondern von der Gegenwärtigkeit der Zeit selbst, als Größe wie als Thema, und sei es nur, weil die Zeit ihren Sitz ohnehin im Gedicht hat, und zwar als Zäsur.

Dessen sind wir uns voll bewußt, und deshalb sagt Mandelstam, anders als Goethe, nie zum Augenblicke: »Verweile doch! Du bist so schön!«, sondern versucht nur, die Zäsur auszudehnen. Mehr noch, er tut dies nicht wegen der speziellen Schönheit oder Unschönheit dieses Augenblicks, sein Anliegen (und folglich auch sein technisches Vorgehen) ist ein ganz anderes. Was der junge Mandelstam in seinen ersten beiden Gedichtsammlungen zu vermitteln suchte, war das Gefühl einer überreich gesättigten Existenz, und als Medium wählte er die Abbildung der überfrachteten Zeit. Unter Einsatz aller phonetischen und allusorischen Kraft der Worte drücken seine Verse jener Periode die Empfindung des sich verlangsamenden, zähflüssigen Vergehens der Zeit aus. Daß Mandelstam das, was er versucht, gelingt (wie immer), hat zur Folge, daß der Leser die Worte und sogar die Buchstaben – vor allem die Vokale – als schier greifbare Gefäße der Zeit wahrnimmt.

Andererseits geht es ihm keineswegs um jene Suche nach vergangenen Tagen mit ihrem zwanghaften Umhertasten, um die Vergangenheit wieder einzufangen und neu zu überdenken. Mandelstam blickt in einem Gedicht selten zurück; er ist ganz und gar in der Gegenwart – in diesem Augenblick, den er andauern, sich über seine natürliche Begrenzung hinaus hinziehen läßt. Für die Vergangenheit, ob die persönliche oder historische, ist schon durch die Wortetymologie gesorgt. Doch so unproustisch seine Behandlung der Zeit auch ist, die Dichte seiner Verse ist der Prosa des großen Franzosen nicht unverwandt. In gewisser Weise ist es die gleiche totale Kriegführung, der gleiche Frontalangriff, in diesem Fall allerdings ein Angriff auf die Gegenwart und mit Mitteln anderer Art. Es ist beispielsweise außerordentlich wichtig, sich klarzumachen, daß fast jedesmal, wenn Mandelstam dieses Zeitthema aufnimmt, er einen stark zäsurierten Vers verwendet, der in Hebungen oder Inhalt den Hexameter anklingen läßt. Gewöhnlich ist es ein jambischer Pentameter, der in einen Alexandriner entgleitet, und es findet sich immer eine Paraphrase oder ein direkter Bezug auf eines der Homerischen Epen. In der Regel spielt dieses Gedicht irgendwo an der See, im Spätsommer, wodurch direkt oder indirekt der griechisch-antike Hintergrund heraufbeschworen wird. Dies hat teilweise damit zu tun, daß die russische Lyrik traditionell die Krim und das Schwarze Meer als die einzig greifbare Annäherung an die griechische Welt betrachtet, zu der diese Gegenden – Tauris und Pontos euxeinos – als Randgebiete gehörten. Man denke zum Beispiel an Gedichte wie »Aus der Flasche ein Strom – wie der goldgelbe Honig da floß ...«, »Schlaflosigkeit. Homer. Gespannte Segel ...« und »Goldamseln drin im Wald, die Länge der Vokale ...«, in dem folgende Zeilen stehen:

> In der Natur jedoch zum jährlich einen Male
> Fließt lang die Dehnung hin, als wärs im Vers Homers.
> Und gleich einer Zäsur klafft heute dieser Tag...

Die Auswirkungen dieses griechischen Echos sind mannigfach. Man könnte es als rein technisches Problem abtun, aber der entscheidende Punkt ist, daß der Alexandriner der nächste Verwandte des Hexameters ist, und sei es nur hinsichtlich der Verwendung einer

Zäsur. Da wir schon von Verwandtschaft sprechen: Die Mutter aller Musen war Mnemosyne, die Muse der Erinnerung, und ein Gedicht (sei es ein kurzes oder ein Epos) muß auswendig gelernt werden, um zu überleben. Der Hexameter war eine hervorragende mnemotechnische Erfindung, und sei es auch nur, weil er so schwerfällig ist und so verschieden von der Umgangssprache jedweder Zuhörerschaft, einschließlich der Homers. Wenn Mandelstam also auf dieses Gedächtnisvehikel innerhalb eines anderen – d.h. in seinem Alexandriner – Bezug nimmt, stellt er zugleich mit der fast physischen Wahrnehmung des Zeittunnels den Effekt eines Spiels im Spiel her, einer Zäsur in einer Zäsur, einer Pause in einer Pause. Was letztlich eine Form der Zeit ist, wenn nicht ihr Sinn: wenn die Zeit dadurch nicht angehalten wird, wird sie doch wenigstens im Brennpunkt konzentriert.

Nicht daß Mandelstam dies bewußt, mit Absicht täte. Oder daß dies sein Hauptzweck wäre, während er ein Gedicht schreibt. Er tut es beiläufig, in Nebensätzen, während er schreibt (oft über etwas anderes), *nie* indem er auf diesen Punkt hinschreibt. Themenbezogene Lyrik ist nicht seine Sache. Ebensowenig die der russischen Lyrik insgesamt. Ihre Grundtechnik ist die des Um-den-heißen-Brei-Herumschleichens, der Annäherung an das Thema von verschiedenen Blickwinkeln aus. Die klar umrissene Darstellung des Gegenstandes, die so typisch für die englischsprachige Lyrik ist, wird normalerweise in dieser oder jener Zeile abgehakt, und dann geht der Dichter zu etwas anderem über; sie füllt selten ein ganzes Gedicht. Themen und Begriffe sind – ungeachtet ihres Gewichts – nichts als Material, wie Wörter, und sie sind immer da. Die Sprache hat Namen für sie alle, und der Dichter ist der Meister der Sprache.

Griechenland war immer da, ebenso Rom und ebenso das biblische Judäa und das Christentum. Diese Ecksteine unserer Zivilisation werden in Mandelstams Lyrik etwa so behandelt, wie die Zeit selbst sie behandeln würde: als Einheit – und *in* ihrer Einheit. Mandelstam zu einem Adepten einer dieser Lehren (und vor allem der letztgenannten) zu erklären, hieße nicht nur, ihn zu verkleinern, sondern auch, seine historische Perspektive zu verzerren oder vielmehr seine historische Landschaft. Thematisch wiederholt Mandelstams Lyrik die Entwicklung unserer Zivilisation: sie fließt nach Norden, doch vermischen sich die parallelen Strömungen in diesem Strom gleich von Anfang an miteinander. Gegen 1920 überrunden die römischen Themen allmählich die griechischen und biblischen – in erster Linie deshalb, weil Mandelstam sich zunehmend mit der archetypischen Kategorie des »Dichters gegen ein Imperium« identifiziert. Doch was diese Haltung entstehen ließ, war – von den rein politischen Aspekten der damaligen Situation in Rußland abgesehen – Mandelstams eigene Einschätzung der Beziehung seines Werks zum Rest der zeitgenössischen Literatur wie auch zu dem moralischen Klima und den intellektuellen Problemen der restlichen Nation. Es war der moralische und geistige Niedergang letzterer, der den imperialen Umkreis suggerierte. Und doch war es nur ein thematisches Überrunden, nie ein Übermächtigwerden. Sogar in *Tristia*, dem römischsten seiner Gedichte, in dem Mandelstam deutlich den exilierten Ovid zitiert, ist ein gewisser Hesiodscher Patriarchenton zu spüren, der darauf hindeutet, daß die ganze Angelegenheit durch ein irgendwie griechisches Prisma gesehen wurde.

TRISTIA

Ich lernte Abschied: eine Wissenschaft,
In Klagen – nachts – von unbedecktem Haar.
Gekau der Ochsen. Warten. Und kein Schlaf.
Den letzten Gang der Wache nehm ich wahr.
Und folg dem einen Kult: der Nacht der Hähne,
Als ich die Lasten hob, den Schmerz – für lang,
Ein Aug ins Ferne sah durch seine Träne,
Und Schluchzen mischte sich zum Musensang.

Wer weiß, hört er das Wort da: Abschiednehmen,
Welch eine Trennung es uns bringt –
Was er verheißen mag, der Schrei der Hähne
Auf der Akropolis, wenn alles brennt?
Und da es tagt, das irgendneue Leben,
Während er immer kaut, der Ochse, träg –
Warum der Hahn, der Künder neuen Lebens,
Auf seinem Wall die Flügel schlägt?

Ich lieb das Weiterspinnen all der Fäden:
Ein Schiffchen fliegt, und eine Spindel surrt ...
Da schau: zu dir, wie Flaum der Schwäne,
Fliegt Delia, da kommt sie, unbeschuht!
O unsres Lebens Grund, der karge, sehre –
Wie arm der Freude Sprache, wie begrenzt!
Und alles war schon und wird wiederkehren:
Dein Glück – nur der Moment, da du's erkennst.

So sei es denn: ein Wachsfigürchen, hell,
Das sich auf einer irdnen Schale zeigt
(Die Form – ein Eichhorn, sein gestrafftes Fell) –
Ein Mädchen, schauend, übers Wachs geneigt.
Nicht uns steht zu, den Erebos zu ahnen,
Den Männern Kupfer, Wachs den Frauen.
Uns fällt das Los, die Schlacht zu schlagen,
Doch sie: sie sterben, in die Zukunft schauend.

(Übertragen von Ralph Dutli)

Später, in den dreißiger Jahren, während der sogenannten Woronescher Zeit, als alle diese Themen – einschließlich Rom und Christentum – dem »Thema« nackten existentiellen Grauens wichen und einer erschreckenden geistig-seelischen Akzeleration, wird das Muster wechselseitiger Beeinflussung und Abhängigkeit jener Bereiche noch offenkundiger und dichter.

Nicht daß Mandelstam ein »zivilisierter« Dichter gewesen wäre; vielmehr war er ein Dichter der Zivilisation und für sie. Als er einmal gebeten wurde, den

Akmeismus – die literarische Bewegung, der er angehörte – zu definieren, antwortete er: »Sehnsucht nach Weltkultur«. Dieser Begriff einer Weltkultur ist entschieden russisch. Auf Grund seiner Lage (weder Osten noch Westen) und seiner unvollkommenen Geschichte hat Rußland immer unter einem kulturellen Minderwertigkeitsgefühl gelitten, zumindest gegenüber dem Westen. Aus dieser Unterlegenheit erwuchs die Idealvorstellung von einer kulturellen Einheit »da draußen« und in der Folge eine intellektuelle Gier nach allem, was aus dieser Richtung kam. In gewisser Weise ist dies eine russische Version des Hellenismus, und Mandelstams Bemerkung über Puschkins »hellenistische Blässe« kam nicht von ungefähr.

Das Mediastinum dieses russischen Hellenismus war St. Petersburg. Vielleicht wäre das beste Emblem für Mandelstams Einstellung zu dieser sogenannten Weltkultur der streng klassizistische Portikus der Petersburger Admiralität, den Reliefs trompetender Engel schmücken und von dem die nadelgleiche goldene Spitze aufragt, die die Silhouette eines Klippers trägt. Um seine Dichtung besser zu verstehen, sollte sich der nicht russischsprechende Leser vielleicht klarmachen, daß Mandelstam ein Jude war und in der Hauptstadt des zaristischen Rußland lebte, dessen herrschende Religion der russisch-orthodoxe Glaube, dessen politische Struktur zuinnerst byzantinisch und dessen Alphabet die Erfindung zweier griechischer Mönche war. Historisch betrachtet, war diese organische Mischung am stärksten in St. Petersburg zu spüren, das für Mandelstam die eschatologische Nische, ihm »zum Weinen vertraut«, für den Rest seines nicht allzu langen Lebens wurde.

Lang genug jedoch, um diesen Ort unsterblich zu machen, und wenn man seine Lyrik gelegentlich »petersburgisch« genannt hat, so darf man diese Bezeichnung aus mehr als einem Grund als ebenso treffend wie ehrenvoll ansehen. Treffend deshalb, weil Petersburg nicht nur die Regierungshauptstadt des Zarenreiches war, sondern auch sein geistiges Zentrum, und zu Beginn des Jahrhunderts verschmolzen dort die Elemente jenes Stroms auf die gleiche Weise wie in Mandelstams Gedichten. Ehrenvoll deshalb, weil der Dichter wie die Stadt durch die Konfrontation an Bedeutung gewannen. War der Westen Athen, so war Petersburg im zweiten Jahrzehnt dieses Jahrhunderts Alexandria. Dieses »Fenster nach Europa«, wie Petersburg von einigen freundlichen Seelen der Aufklärung genannt wurde, diese »erfundenste Stadt«, wie sie später Dostojewskij definierte, die auf dem Breitengrad von Vancouver liegt, in der Mündung eines Flusses, der so breit ist wie der Hudson zwischen Manhattan und New Jersey, hatte und hat jene Art von Schönheit, die der Wahnsinn hervorbringen kann – oder die versucht, diesen Wahnsinn zu verbergen. Klassizismus hatte nie so viel Raum, und die italienischen Architekten, die von einer ganzen Reihe russischer Monarchen ins Land geholt wurden, begriffen das nur zu gut. Die unendlichen gigantischen vertikalen Flöße der weißen Säulen an den Fassaden der Uferpaläste, die dem Zaren, seiner Familie, dem Adel, den Botschaften und den *nouveaux riches* gehören, werden von dem spiegelnden Fluß zur Ostsee hinabgetragen. Die größte Prachtstraße des Reiches – den Newskij-Prospekt – säumen Kirchen aller Glaubensrichtungen. Die endlosen breiten Straßen sind voller Einspänner, neumodischer Automobile, müßiger, wohlgekleideter Menschen, erstklassiger Geschäfte, Konditoreien usw. Unermeßlich weite Plätze mit berittenen Statuen früherer Herrscher und mit höheren Triumphsäulen als die Nelsons. Ungezählte Verlage, Journale, Zeitungen, politische Parteien (mehr als im heutigen Amerika), Theater, Restaurants, Zigeuner. Das Ganze umgeben von dem Kranz rauchender Fabrikschlote – einem backsteinernen Birnamswald – und bedeckt von dem weit ausgebreiteten feuchten, grauen Laken des Himmels der nördlichen Hemisphäre. Ein Krieg ist verloren, ein anderer – ein Weltkrieg – droht, und man ist ein kleiner jüdischer Junge mit einem Herzen voll russischer jambischer Pentameter.

In dieser riesenmaßstäblichen Verkörperung vollkommener Ordnung ist der jambische Takt so natürlich wie Kopfsteinpflaster. Petersburg ist eine Wiege russischer Lyrik und, mehr noch, ihrer Prosodie. Die Idee einer edlen Struktur ohne Ansehen der Qualität des Inhalts (manchmal genau *gegen* seine Qualität, was einen ungeheuren Eindruck von Widersprüchlichkeit schafft – Hinweis auf die Wertung des beschriebenen

Phänomens, nicht durch den Autor, sondern durch den Vers selbst) ist rein ortsgebunden. Die ganze Sache fing im vorigen Jahrhundert an, und Mandelstams Gebrauch strenger Metren in seinem ersten Buch *Der Stein* gemahnt deutlich an Puschkin und dessen Plejade. Und doch ist dies wiederum nicht das Ergebnis einer bewußten Entscheidung, noch ist es ein Zeichen dafür, daß Mandelstams Stil durch frühere oder zeitgenössische Vorgänge in der russischen Lyrik vorherbestimmt gewesen wäre.

Das Vorhandensein eines Echos ist das Hauptmerkmal jeder guten Akustik, und Mandelstam schuf lediglich eine große Kuppel für seine Vorläufer. Die ausgeprägtesten Stimmen darunter gehören Derschawin, Baratynskij und Batjuschkow. Jedoch handelte er weitgehend unabhängig, ungeachtet existierender Idiome – besonders des zeitgenössischen. Er hatte einfach zuviel zu sagen, um sich um eine etwaige stilistische Einzigartigkeit Gedanken zu machen. Doch war es gerade diese Überfrachtung seines ansonsten regelmäßigen Verses, das ihn einzigartig machte.

Rein äußerlich sahen seine Gedichte nicht so sehr viel anders aus als die der Symbolisten, die die literarische Szene beherrschten: er verwendete einigermaßen regelmäßige Reime, eine Standardstrophenform, und die Länge seiner Gedichte war die übliche – sechzehn bis vierundzwanzig Zeilen. Aber mit diesem bescheidenen Transportmittel trug er seine Leser viel weiter fort als irgendeiner jener anheimelnden-weil-nebulösen Metaphysiker, die sich als russische Symbolisten bezeichneten. Der Symbolismus war sicher die letzte große Bewegung (und das nicht nur in Rußland); doch Lyrik ist eine extrem individualistische Kunst, sie hat etwas gegen Ismen. Die Lyrikproduktion des Symbolismus war so umfangreich und seraphisch, wie es die Mitgliedschaft und die Postulate dieser Bewegung waren. Ein Höhenflug so bar jeder inneren Notwendigkeit, daß auch Universitätsabsolventen, Offiziersanwärter und Büroangestellte sich versucht fühlten und das Genre bereits an der Jahrhundertwende als inflationäres Wortgeklingel kompromittiert war, etwa so wie es heute bei dem freien Vers in Amerika der Fall ist. Zwar sank die Wertschätzung, als dann unter den Namen Futurismus, Konstruktivismus, Imaginismus usw. die Gegenbewegung einsetzte. Doch waren dies eben nur Ismen, die gegen Ismen kämpften, Schreibweisen gegen Schreibweisen. Nur zwei Dichter, Mandelstam und Marina Zwetajewa, brachten inhaltlich etwas qualitativ Neues, und ihr Schicksal spiegelte in furchtbarer Weise das Ausmaß ihrer geistigen Autonomie wider.

In der Dichtung wie anderswo auch wird der Streit um geistige Überlegenheit stets auf physischer Ebene ausgetragen. Man muß einfach annehmen, daß es genau der (von antisemitischen Obertönen nicht ganz freie) Bruch mit den Symbolisten war, der die Keime zu Mandelstams Zukunft in sich trug. Ich beziehe mich nicht so sehr auf Georgij Iwanows Verhöhnung eines

Mandelstam-Gedichts im Jahre 1917, deren Nachhall die offizielle Ächtung in den dreißiger Jahren war, als auf Mandelstams zunehmende Absonderung von jeglicher Form von Massenproduktion, speziell sprachlicher und seelisch-geistiger Art. Die Wirkung war, daß eine Stimme, je klarer sie wird, desto dissonanter klingt. Das mag kein Chor, und die ästhetische Isolierung erreicht damit physische Ausmaße. Wenn ein Mensch sich eine eigene Welt schafft, wird er zu einem Fremdkörper, gegen den alle Gesetze gerichtet sind: Schwerkraft, Druck, Abstoßung, Vernichtung.

Mandelstams Welt war groß genug, sie alle herauszufordern. Hätte Rußland einen anderen historischen Weg gewählt – ich glaube nicht, daß sein Schicksal so sehr viel anders gewesen wäre. Seine Welt war zu autonom, um mit einer anderen zu verschmelzen. Außerdem ging Rußland nun einmal seinen Weg, und für Mandelstam, dessen dichterische Entwicklung auch so schon schnell verlief, konnte jene Richtung nur eines bringen – eine beängstigende Akzeleration. Diese beeinflußte zuallererst den Charakter seines Verses. Dessen herrlicher meditativer zäsurierter Fluß verwandelte sich in ein rasches, ruckartiges Getrappel. Seine Dichtung wurde die einer hohen Geschwindigkeit und bloßgelegter Nerven, manchmal kryptisch, mit leicht verkürzter Syntax das Selbstverständliche überspringend. Und doch wurde sie auf diese Weise mehr zu einem Gesang denn je zuvor, nicht Barden-, sondern Vogelsang, mit unvorhersehbaren schrillen Doppelschlägen und Intervallen, etwas wie das Tremolo eines Stieglitzes.

Und wie dieser Vogel wurde er Zielscheibe für alle möglichen Steine, die sein Mutterland reichlich nach ihm warf. Nicht daß Mandelstam gegen die politischen Veränderungen war, die sich in Rußland vollzogen. Er besaß genügend Sinn für Maß und genügend Ironie, um die epische Qualität des ganzen Unternehmens anzuerkennen. Außerdem war er ein heidnisch lebensfroher Mensch, und andererseits waren schließlich die Wimmertöne völlig von den Symbolisten mit Beschlag belegt. Auch war ja seit Beginn des Jahrhunderts die Luft voll loser Reden über eine Neuaufteilung der Welt, so daß fast jeder, als die Revolution kam, das Geschehen für das Ersehnte hielt. Mandelstams Reaktion war vielleicht die einzig nüchterne auf die Ereignisse, die die Welt erschütterten und so viele nachdenkliche Köpfe schwindeln machten:

> Nun los, versuchen wir's: die große, linkische,
> Die Wende! Knirsch nur, Ruderblatt ...
>
> (Aus *Die Dämmerung der Freiheit*)

Aber die Steine flogen schon, und der Vogel auch. Ihre jeweiligen Flugbahnen sind in den Erinnerungen der Witwe Mandelstams ausführlich verzeichnet, und das erforderte zwei Bände. Diese Bücher sind nicht nur ein Führer durch seine Gedichte, obwohl sie das auch sind.

Doch drückt jeder Dichter, egal wieviel er schreibt, physisch wie statistisch gesehen, in seinen Versen höchstens ein Zehntel seines Lebens aus. Der Rest ist normalerweise in Dunkelheit gehüllt; falls irgendein zeitgenössisches Zeugnis überdauert, enthält es gähnende Lücken, von den unterschiedlichen Blickwinkeln, die das Objekt verzerren, gar nicht zu reden.

Die Erinnerungen der Witwe Ossip Mandelstams befassen sich genau damit, mit jenen neun Zehnteln. Sie bringen Licht in die Dunkelheit, füllen die Lücken, merzen die Verzerrungen aus. Das Endergebnis kommt einer Wiederbelebung nahe, nur daß alles, was den Mann tötete, ihn überlebte, was weiterexistiert und an Popularität gewinnt, ebenfalls auf diesen Seiten wiederersteht, wieder in Kraft gesetzt wird. Wegen der tödlichen Macht des Materials geht Mandelstams Witwe bei der Wiedererschaffung dieser Elemente so umsichtig vor, als handle es sich um das Entschärfen einer Bombe. Allein auf Grund dieser Präzision und auf Grund der Tatsache, daß seine Verse, sein Tun im Leben und sein Sterben jemanden zu großer Prosa beflügelten, müßte man schlagartig begreifen – auch ohne eine einzige Zeile von Mandelstam zu kennen –, daß es in der Tat ein großer Dichter ist, dessen auf diesen Seiten gedacht wird: wegen der gegen ihn gerichteten Masse und Energie des Bösen.

Dennoch bleibt festzuhalten, daß Mandelstams Einstellung zu jener historisch neuen Situation keineswegs offene Feindschaft war. Im großen und ganzen sah er sie als eine eben etwas härtere Form der existentiellen Wirklichkeit an, als qualitativ neue Herausforderung. Seit den Romantikern haben wir diese Vorstellung von dem Dichter, der seinem Tyrannen den Fehdehandschuh hinwirft. Nun, falls es eine solche Zeit je gegeben hat – heute wäre eine derartige Handlung völlig unsinnig: Tyrannen stellen sich für solche Tête-à-têtes nicht mehr zur Verfügung. Die Entfernung zwischen uns und unseren Herren kann nur von letzteren verkürzt werden, was selten geschieht. Ein Dichter gerät wegen seiner sprachlichen und damit auch geistig-seelischen Überlegenheit in Schwierigkeiten, nicht wegen seiner politischen Anschauungen. Ein Lied ist eine Form sprachlichen Ungehorsams, und sein Klang zieht erheblich mehr in Zweifel als ein konkretes politisches System: es stellt die gesamte existentielle Ordnung in Frage. Und die Zahl seiner Gegner wächst proportional an.

Es wäre eine Vereinfachung zu meinen, daß es das Gedicht gegen Stalin war, das Mandelstams Verhängnis heraufbeschwor. Dieses Gedicht war trotz all seiner zerstörerischen Kraft nur ein Nebenprodukt in der thematischen Behandlung dieser gar nicht so neuen Ära durch Mandelstam. Im übrigen gibt es eine sehr viel explosivere Zeile in dem Gedicht *Ariosto,* das einige Monate früher in demselben Jahr (1933) entstanden ist: »Die Macht ist widerlich wie Baderhände ...« Und davon gab es noch viele mehr. Trotzdem glaube ich, daß, für sich genommen, diese verbalen Ohrfeigen nicht unbedingt die Anwendung des Vernichtungsgebots erfordert hätten. Der eiserne Besen, der in Rußland umging, hätte ihn aussparen können, wäre er nur ein politischer Dichter gewesen oder ein Lyriker, der sich hie und da in die Politik verirrt. Er war schließlich gewarnt, und er hätte daraus lernen können. Und doch tat er das nicht, weil sich sein Selbsterhaltungstrieb längst seiner Ästhetik unterworfen hatte. Es war die ungeheure lyrische Intensität der Dichtung Mandelstams, die ihn von seinen Zeitgenossen absonderte und ihn zu einer Waise seiner Epoche machte, »heimatlos im Allunionsmaßstab«. Denn Lyrik ist Sprachethik, und die Überlegenheit dieses Lyrischen gegenüber allem, was im menschlichen Zusammenspiel welcher Konfession auch immer erreicht werden könnte, ist das, was ein Kunstwerk ausmacht und es überleben läßt. Eben deshalb hätte der eiserne Besen, dessen Ziel die geistige Kastrierung der gesamten Bevölkerung war, ihn nicht aussparen können.

Es war ein Fall reiner Polarisierung. Gesang ist letztlich umstrukturierte Zeit, der gegenüber stummer Raum von Natur aus feindselig ist. Ersteren verkörperte Mandelstam; letzteren hatte der Staat sich zur Waffe gewählt. Von erschreckender Logik ist der Ort des Konzentrationslagers, in dem Ossip Mandelstam 1938 starb: nahe Wladiwostok, in den tiefsten Eingeweiden staatseigenen Raumes. Innerhalb Rußlands von Petersburg noch weiter weg zu sein ist kaum möglich. Und in der Dichtung – im Sinne des Lyrischen – Höheres zu erreichen als hier ist auch kaum möglich (es ist ein Gedicht zur Erinnerung an eine Frau, Olga Waksel, die angeblich in Schweden starb, und entstand während Mandelstams Zeit in Woronesch, wohin er von seinem vorherigen Verbannungsort nahe dem Ural nach einem Nervenzusammenbruch verbracht worden war). Nur vier Zeilen:

> ... Und starre Schwalben gerundeter Brauen (a)
> flogen (b) vom Grab zu mir her,
> mir zu sagen, sie hätten genug geruht in ihrem (a)
> kalten Stockholmer Bett (b).

Stellen Sie sich einen vierfüßigen Amphibrachus vor mit alternierendem Reim (abab).

Diese Strophe ist eine Apotheose umstrukturierter Zeit. Zum einen ist Sprache selbst ein Produkt der Vergangenheit. Die Rückkehr der starren Schwalben impliziert das periodisch Wiederkehrende ihrer Gegenwart wie auch des Vergleichs selber, sei es als innerer Gedanke oder als gesprochener Satz. Auch deutet »flogen ... zu mir her« auf Frühling, Wiederkehr der Jahreszeiten. »Mir zu sagen, sie hätten genug geruht« suggeriert wieder Vergangenheit: unfertige, weil trostlose Vergangenheit. Und dann schließt die letzte Zeile den Kreis, dadurch daß das Adjektiv »Stockholmer« die verborgene Anspielung auf Hans Christian Andersens Märchen preisgibt, das von der verwundeten Schwalbe erzählt, die im Maulwurfsbau überwintert, dann wieder zu Kräften kommt und heimfliegt. Jedes Schulkind in Rußland kennt diese Geschichte. Das bewußte Sich-Erinnern erweist sich als so stark in der unterbewußten Erinnerung verwurzelt und löst ein so stechendes Schmerzgefühl aus, daß es ist, als hörten wir nicht einen leidenden Menschen, sondern unmittelbar die Stimme seiner verwundeten Psyche. Eine Stimme dieser Art kollidiert sicher mit allem, sogar mit dem Leben ihres Mediums, d. h. des Dichters. Es ist wie Odysseus, der sich selbst an einen Mast bindet gegen das Rufen seiner Seele; dies – und nicht nur die Tatsache, daß Mandelstam verheiratet ist – ist der Grund, warum er hier so elliptisch ist.

Dreißig Jahre arbeitete er mit an der russischen Lyrik, und was er tat, wird so lange bestehen, wie die russische Sprache existiert. Es wird sicher das gegenwärtige und jedes spätere Regime in jenem Land überdauern – durch seinen Lyrismus wie durch seine Tiefe. Offen gestanden kenne ich in der Dichtung der Welt nichts, was einer Offenbarung eher gleichkäme als diese vier Zeilen aus seinen *Versen vom unbekannten Soldaten*, die er gerade ein Jahr vor seinem Tod schrieb:

Und Arabiens Krumen und Krollen,
Die zermahlte, die Schnellkraft des Lichts –
Dieser Strahl und gebogene Sohle:
Meine Netzhaut empfängt ihr Gewicht …

Kaum noch vorhandene Grammatik, was aber nichts mit modernistischer Schreibweise zu tun hat, sondern die Folge einer unvorstellbaren psychischen Akzeleration ist, wie sie zu anderen Zeiten für die Ausbrüche Hiobs und Jeremias verantwortlich war. Dieses Zermahlen von Schnelligkeiten (»Schnellkraft«) ist gleichermaßen ein Selbstporträt wie eine unglaubliche astrophysikalische Einsicht. Was er hinter seinem Rükken »sich hastig nähern« hörte, war nicht ein »geflügelter Wagen«, sondern sein »Wolfshund-Jahrhundert«, und er rannte, solange Raum war. Als der Raum endete, erreichte er die Zeit.

Was besagen soll: uns. Dieses Pronomen steht nicht nur für seine Russisch sprechenden Leser, sondern auch für die anderssprachigen. Vielleicht mehr als sonst jemand in diesem Jahrhundert war er ein Dichter der Zivilisation: er trug bei zu dem, was ihn inspiriert hatte. Es läßt sich sogar behaupten, daß er Teil von ihr geworden war, lange bevor ihn der Tod traf. Natürlich war er Russe, aber doch nicht mehr als Giotto Italiener war. Zivilisation ist die Gesamtsumme unterschiedlicher Kulturen, die von einem gemeinsamen geistigen Nenner beseelt sind, und ihr Hauptträger – metaphorisch wie wörtlich gesprochen – ist die Übersetzung. Die Wanderung eines griechischen Portikus in die geographischen Breiten der Tundra ist eine Übersetzung.

Sein Leben wie sein Tod ergaben sich aus dieser Zivilisation. Bei einem Dichter ist die ethische Haltung, im Grunde sogar das Temperament durch die eigene Ästhetik vorbestimmt und geformt. Das erklärt auch, warum die Dichter mit der gesellschaftlichen Wirklichkeit unweigerlich auf Kriegsfuß stehen, und ihre Todesrate verrät die Entfernung, die jene Wirklichkeit zwischen sich und die Zivilisation legt. Gleiches gilt für die Qualität einer Übersetzung.

Als Kind einer auf den Prinzipien Ordnung und Opfer gründenden Zivilisation verkörperte Mandelstam beides; und es ist nichts als angemessen, von seinen Übersetzern zumindest einen Anschein von Entsprechung zu erwarten. Die Rigorosität, die das Hervorbringen eines Echos erfordert, so ungeheuer hart sie einem auch scheinen mag, ist auch eine Hommage an jene Sehnsucht nach Weltkultur, die das Original antrieb und modellierte. Die formalen Aspekte der Verse Mandelstams sind nicht das Produkt irgendeiner rückständigen Poetik, sondern im Grunde die Säulen des oben erwähnten Portikus. Sie zu entfernen, heißt nicht nur die eigene »Architektur« auf Bruchbuden und Schrotthaufen zu reduzieren: es heißt zu lügen hinsichtlich all dessen, wofür der Dichter lebte und starb.

Übersetzen ist die Suche nach einer Entsprechung, nicht nach einem Ersatz. Es erfordert stilistische, wenn nicht geistig-seelische Kongenialität. Beispielsweise wäre das stilistische Idiom, das man zur Übertragung Mandelstams ins Englische verwenden könnte, das des späten Yeats (mit dem er auch thematisch vieles gemeinsam hat). Das Problem ist natürlich, daß ein Mensch, der ein derartiges Idiom beherrscht – falls ein solcher existiert –, zweifellos lieber eigene Gedichte schreibt, anstatt sich das Gehirn beim Übersetzen (das außerdem nicht sonderlich gut bezahlt wird) zu zermartern. Doch von technischem Können und sogar auch von geistig-seelischer Kongenialität abgesehen, ist das Entscheidende, was ein Übersetzer haben oder sonst entwickeln sollte, ein gleichgestimmtes Gefühl für die Zivilisation.

Mandelstam ist ein formaler Dichter im höchsten Sinn des Wortes. Für ihn beginnt ein Gedicht mit dem »klingenden Abguß der Form«, wie er es selber nannte. Die fehlende Realisierung dieses Begriffs degradiert selbst die genaueste Wiedergabe seiner Bilder zu anregender Lektüre. »Ganz allein in Rußland arbeite ich nach meiner Stimme, doch ringsum schreibt das dickfellige Pack«, sagt Mandelstam von sich selber in seiner *Vierten Prosa.* Er sagt dies mit dem Zorn und der Würde eines Dichters, der erkannt hat, daß der Quell seiner Schaffenskraft deren Methode bedingt.

Es wäre vergeblich und unvernünftig, von einem Übersetzer zu verlangen, diesem Beispiel zu folgen: die Stimme, nach der und durch die man arbeitet, ist zwangsläufig einzig in ihrer Art. Doch dem Timbre, der Tonhöhe und dem Tempo, wie es sich im Metrum widerspiegelt, kann man sich annähern. Man sollte dessen eingedenk sein, daß Versmetren an sich schon feste Größenordnungen sind und als solche durch nichts zu ersetzen. Ein Metrum kann nicht gegen ein anderes ausgetauscht werden, schon gar nicht gegen freien Vers. Unterschiede im Metrum sind Unterschiede in

Atem und Herzschlag. Unterschiede im Reimschema sind solche der Gehirnfunktionen. Lässiger Umgang mit dem einen wie mit dem anderen ist bestenfalls ein Sakrileg, schlimmstenfalls Verstümmelung oder Mord. In jedem Fall ist es ein geistiges Verbrechen, für das der Täter – vor allem wenn er nicht dingfest gemacht wird – mit beschleunigter intellektueller Degeneration zahlt. Und was die Leser betrifft, so kaufen sie eine Lüge.

Jedoch – die Rigorosität, die das Hervorbringen eines anständigen Echos erfordert, ist zu hoch in ihrem Anspruch. Sie hemmt die Individualität im Übermaß. Die Rufe nach dem Einsatz eines »poetischen Instrumentariums unserer Zeit« werden nur allzu durchdringend. Und die Übersetzer machen sich hastig auf die Suche nach Ersatz. Dies geschieht in erster Linie deshalb, weil solche Übersetzer gewöhnlich selber Dichter sind und die eigene Individualität ihnen das Teuerste ist. Ihr Individualitätsbegriff schließt die Möglichkeit des Opfers einfach aus, das doch das Grundmerkmal des reifen Individuums ist (und auch die Grunderfordernis jeder – auch einer technischen – Übersetzung). Das Endergebnis ist, daß ein Mandelstamgedicht optisch wie strukturell irgendeinem witzlosen Text von Neruda gleicht oder einer Übersetzung aus dem Urdu oder Kisuaheli. Falls es das übersteht, dann nur auf Grund seiner seltsamen Bilder oder seiner eigenartigen Intensität, die in den Augen des Lesers eine gewisse ethnographische Bedeutung erlangen. »Ich kann nicht einsehen, wieso Mandelstam als großer Dichter gilt«, sagte der verstorbene W. H. Auden. »Die Übersetzungen, die ich gesehen habe, überzeugen mich nicht davon.«

Kaum verwunderlich. In den verfügbaren englischsprachigen Übertragungen begegnet man einem absolut unpersönlichen Produkt, einer Art gemeinsamem Nenner moderner Wortkunst. Wären es einfach schlechte Übersetzungen, wäre es nicht einmal so schlimm. Denn schlechte Übersetzungen stimulieren, gerade weil sie schlecht sind, die Phantasie des Lesers und rufen den Wunsch hervor, aus dem Text auszubrechen oder sich von ihm zu lösen: sie spornen die Intuition an. In den vorliegenden Fällen ist diese Möglichkeit praktisch ausgeschaltet: die Übersetzungen tragen den Stempel eines selbstsicheren, unerträglichen stilistischen Provinzialismus, und die einzige optimistische Anmerkung, die man dazu machen kann, ist, daß Kunst so niederer Qualität ein untrügliches Zeichen einer von Dekadenz äußerst weit entfernten Kultur ist.

Russische Dichtung insgesamt und Mandelstam insbesondere haben es nicht verdient, wie arme Verwandte behandelt zu werden. Die Sprache und ihre Literatur, vor allem ihre Lyrik, sind das Beste, was das Land hat. Dennoch ist es nicht Sorge um Mandelstams oder Rußlands Ansehen, was einen schaudern macht angesichts dessen, was seinen Zeilen auf Englisch angetan worden ist: es ist mehr der Eindruck einer Plünderung der englischsprachigen Kultur, der Herabminderung ihrer eigenen Kriterien, des Ausweichens vor der geistigen Herausforderung. »Okay«, könnte ein junger amerikanischer Lyriker oder Leser von Lyrik nach Durchsicht der vorliegenden Bände resümieren, »in Rußland spielt sich dasselbe ab.« Aber was sich dort abspielt, ist ganz und gar nicht dasselbe. Die russische Lyrik hat – ihre Metaphern einmal außer Acht gelassen – ein Beispiel für moralische Reinheit und Festigkeit gegeben, was sich nicht zuletzt in der Bewahrung der klassischen Formen ohne gleichzeitige Beeinträchtigung der Inhalte spiegelt. Dies zeichnet sie vor ihren westlichen Schwestern aus, wenn man sich auch keineswegs ein Urteil darüber anmaßen mag, wem diese Auszeichnung stärker zugute kommt. Jedoch es bleibt eine Auszeichnung, und in der Übersetzung sollte diese Eigenart, und sei es auch nur aus rein ethnographischen Gründen, gewahrt und nicht über irgendeinen gemeinsamen Leisten geschlagen werden.

Ein Gedicht ist das Ergebnis einer gewissen Notwendigkeit: es ist unvermeidlich, und dasselbe gilt von seiner Form. »Notwendigkeit«, sagt Mandelstams Witwe Nadeschda in ihrem *Mozart und Salieri* (einem Muß für jeden, den Kreativitätspsychologie interessiert), »ist kein Zwang und kein Fluch des Determinismus, sondern ein Glied zwischen den Zeiten, sofern die von den Vorfahren ererbte Fackel nicht ausgetreten wurde.« Für Notwendigkeiten gibt es natürlich kein Echo; aber die Mißachtung eines Übersetzers für Formen, die durch die Zeit erleuchtet und geheiligt sind, ist nichts anderes, als jene Fackel auszutreten. Das einzig Gute an den Theorien, die zur Rechtfertigung dieser Praxis vorgetragen werden, ist, daß ihre Verfasser für die Äußerung dieser Ansichten in gedruckter Form Honorar erhalten.

Ein Gedicht, als wäre es der Gebrechlichkeit und Unzuverlässigkeit der menschlichen Fähigkeiten und Sinne gewahr, zielt auf das Gedächtnis. Zu diesem Zweck setzt es eine Form ein, die im wesentlichen eine Gedächtnisstütze ist und dem Gehirn ermöglicht, eine Welt zu behalten – und die das Behalten erleichtert, wenn das übrige Gestell zusammenklappt. Das Gedächtnis schwindet meist erst ganz am Ende, als ob es auch noch das Ende selbst aufzeichnen wollte. So könnte ein Gedicht das letzte sein, was über unsere sabbernden Lippen kommt. Niemand erwartet, daß einer, dessen Muttersprache Englisch ist, in diesem Augenblick Verse eines russischen Dichters murmelt. Murmelt er aber etwas von Auden, Yeats oder Frost, wird er näher an Mandelstam sein, als es die derzeitigen Übersetzer sind.

Mit anderen Worten, die englischsprechende Welt muß diese nervöse, hohe, reine Stimme erst noch hören, eine Stimme – durchwirkt mit Liebe, Schrecken, Erinnerung, Kultur, Glaube –, zitternd vielleicht wie ein brennendes Streichholz bei starkem Wind und doch gänzlich unlöschbar. Eine Stimme, die bleibt, auch wenn ihr Besitzer nicht mehr ist. Er war, ist man versucht zu sagen, ein moderner Orpheus: er wurde zur Hölle geschickt und kehrte nicht zurück, während seine Witwe, ein Sechstel der Erdoberfläche durchmessend, von einem Schlupfwinkel zum nächsten floh, den Kochtopf fest an sich gedrückt, in dem zusammengerollt seine Gedichte lagen, die sie sich nachts immer wieder hersagte für den Fall, daß sie von Furien mit einem Durchsuchungsbefehl gefunden würden. Dies sind unsere Metamorphosen, unsere Mythen.

1977
(Aus dem Amerikanischen von Sylvia List)

ZEITTAFEL*

1891 *15. Januar.* In Warschau geboren. Kindheit in Pawlowsk bei Petersburg, dann in Petersburg selber.

1900 Eintritt ins Tenischew-Gymnasium.

1907 Fahrt nach Paris (Aufenthalt bis Sommer 1908).

1908 Reise in die Schweiz und nach Italien. Dann zurück nach Petersburg.

1909 In Heidelberg, um während zweier Semester mittelalterliche französische Sprache und Literatur zu studieren.

1910 In der Petersburger Kunstzeitschrift *Apollon* (Nr. 9) erscheinen Mandelstams erste veröffentlichte Gedichte. Aufenthalt in Berlin.

1911 Läßt sich in Wyborg christlich taufen. Schreibt sich an der Petersburger Universität ein, Abteilung für romanische Sprachen. Teilnahme an der von Nikolaj Gumiljow gegründeten »Dichtergilde«. Bekanntschaft mit Anna Achmatowa.

1912 Die »Dichtergilde« beschließt die Gründung des *Akmeismus* zur Überwindung des russischen Symbolismus.

* vgl. die ausführlichere »Chronologie zu Ossip Mandelstams Leben und Werk« in dem Band DAS RAUSCHEN DER ZEIT. Gesammelte »autobiographische« Prosa der 20er Jahre. – Frankfurt am Main, Fischer Taschenbuch Verlag 1989 (= Band-Nr. 9183), S. 299–309

1913 Mandelstams erster Gedichtband DER STEIN. Erste literarische Essays in der Zeitschrift *Apollon* (»Über den Gesprächspartner« u. a.).

1914 Der Erste Weltkrieg. Mandelstam wird wegen Herzschwäche vom Kriegsdienst freigeschrieben. Fährt nach Warschau, um sich als Krankenpfleger für Kriegsverwundete zu melden.

1915 Zurück in Petersburg. Abbruch des Universitätsstudiums.

1916 Zweite, erweiterte Ausgabe des Gedichtbandes DER STEIN. Kurze Beziehung zu Marina Zwetajewa. *26. Juli:* Tod von Mandelstams Mutter.

1917 Grüßt die Revolution mit dem vieldeutigen Gedicht »Die Dämmerung der Freiheit«.

1918 Kurze Anstellung in Lunatscharskijs Ministerium für Volksbildung.

1919 Lernt in Kiew seine spätere Frau kennen, Nadeschda Chasina.

1920 Auf der Krim, im bürgerkriegsgeplagten Feodosia. Wird zuerst von den »Weißen« als »bolschewistischer Spion« verhaftet, dann freigelassen und im georgischen Batumi von den Menschewiken erneut verhaftet. Zurück nach Moskau.

1921 Fahrt nach Georgien, auf der Suche nach Arbeit und Brot. Erfährt von der Erschießung seines Mit-Akmeisten Nikolaj Gumiljow.

1922 Heirat mit Nadeschda Chasina in Kiew. In Berlin erscheint Mandelstams Gedichtband TRISTIA.

1923 Dritte, erweiterte Ausgabe des Gedichtbandes DER STEIN. Zweite Ausgabe von TRISTIA, in Moskau, unter dem Titel DAS ZWEITE BUCH.

Erste Schwierigkeiten, Gedichte in sowjetischen Zeitschriften zu veröffentlichen.

1925 In Leningrad erscheinen das autobiographische Prosabuch DAS RAUSCHEN DER ZEIT sowie zwei kleine Kinderbücher: »Der Primuskocher« und »Die beiden Trams«. Die Periode des Schweigens beginnt: fünf Jahre lang wird Mandelstam keine Gedichte mehr schreiben.

1926 Zwei weitere Kinderbücher: »Luftballons« und »Die Küche«. Ab diesem Jahr diverse literarische Übersetzungen (als Broterwerb).

1928 Letzte Buchveröffentlichungen zu Mandelstams Lebzeiten (dank einer Einflußnahme Nikolaj Bucharins): GEDICHTE (1908–1925), DIE ÄGYPTISCHE BRIEFMARKE (Prosa), ÜBER POESIE (Essays). Antwort auf eine Zeitungsumfrage zum Thema »Der Sowjetschriftsteller und die Oktoberrevolution«: »Ich fühle mich als Schuldner der Revolution, bringe ihr jedoch Gaben dar, die sie vorläufig noch nicht benötigt.« Beginn der »Eulenspiegel-Affäre«, die bald in eine von höchsten Stellen geschürte Verleumdungs- und Hetzkampagne gegen Mandelstam ausartet.

1929 Die »Eulenspiegel-Affäre«. Mandelstam beginnt – als Antwort darauf – seine polemische, antistalinistische VIERTE PROSA.

1930 Verhöre durch den Untersuchungsrichter zur »Eulenspiegel-Affäre«. Dank einer Intervention Bucharins: Reise in den Kaukasus, nach Georgien und Armenien. Dort erfährt Mandelstam vom Selbstmord Wladimir Majakowskijs. In Tiflis, nach der

Rückkehr aus Armenien – Wiederaufnahme des lyrischen Schaffens, nach fünfjährigem Schweigen. Gedichtzyklus »Armenien«, »Neue Gedichte«.

1931 Da sich die offizielle Schriftstellerkaste Mandelstams Niederlassung in Leningrad widersetzt – Umzug nach Moskau, auf der Suche nach Unterkunft und Arbeit. Neue Gedichte, die MOSKAUER HEFTE.

1932 Arbeit am Prosawerk DIE REISE NACH ARMENIEN.

1933 Veröffentlichung der REISE NACH ARMENIEN in einer Zeitschrift, deren Chefredakteur sofort seine Stelle verliert. Polemik in den Zeitungen gegen Mandelstams Prosa. Arbeit am GESPRÄCH ÜBER DANTE auf der Krim. Begegnung mit Andrej Belyj. Mandelstam bekommt nach Jahren des Nomadenlebens in Moskau eine Wohnung zugewiesen. Er schreibt sein verhängnisvolles Epigramm gegen Stalin, eine Entlarvung des »Seelenverderbers und Bauernabschlächters«.

1934 Liest Pasternak sein Epigramm gegen Stalin vor (Begründung: »Ich hasse nichts so sehr wie den Faschismus, in welcher Form er auch auftreten möge«). Mandelstam ohrfeigt öffentlich den offiziellen Sowjetschriftsteller Alexej Tolstoj. *13. Mai:* Nächtliche Hausdurchsuchung und Verhaftung Mandelstams. Beschlagnahmung der Manuskripte. Verhöre im Moskauer Lubjanka-Gefängnis. Verurteilung und Abtransport in die Verbannung nach Tscherdyn. Selbstmordversuch. Neuer Verbannungsort: Woronesch.

1935 Die ersten Gedichte der WORONESCHER HEFTE entstehen (drei solcher Hefte bis 1937, bis zum Ende der Verbannungszeit).

1936 Die ersten Schauprozesse: Stalins »Säuberungs«-Terror beginnt. Mandelstam verliert jede Arbeitsmöglichkeit. Materielle Not.

1937 Brief an K. Tschukowskij: »Ich bin ein Schatten. Mich gibt es nicht. Ich habe nur das Recht zu sterben. Mich und meine Frau treibt man in den Selbstmord.« Letzte Woronescher Gedichte. Ende der dreijährigen Verbannung, Rückkehr nach Moskau, wo Mandelstam das Wohnrecht abgesprochen wird. Herzkrankheit. Atemnot. Umzug nach Kalinin.

1938 Mandelstam erhält die Bewilligung zu einem Aufenthalt in einem Erholungsheim in Samaticha (eine Falle). *2. Mai:* Wird in Samaticha verhaftet und ins Moskauer Butyrki-Gefängnis verbracht. Verurteilung durch ein Sondergericht zu fünf Jahren Zwangsarbeit wegen konterrevolutionärer Tätigkeit. Abtransport nach Sibirien. Aus dem letzten Brief: »Meine Gesundheit ist sehr schwach, bin äußerst erschöpft, abgemagert, fast nicht wiederzuerkennen, aber Kleider zu schicken, Essen und Geld – weiß nicht, ob es Sinn hat. Versucht es trotzdem. Ich friere sehr ohne Kleider.« *27. Dezember:* Mandelstam stirbt im Durchgangslager »Wtoraja Retschka« in der Nähe von Wladiwostok.

NACHWEISE

19 »Selbst der Tod noch«:
Aus: Ossip Mandelstam, DAS RAUSCHEN DER ZEIT. Gesammelte »autobiographische« Prosa der 20er Jahre. – Fischer Taschenbuch Verlag, Frankfurt am Main 1989 (= Band-Nr. 9183) (Kapitel *Unruhen und Französinnen*).

20 »Der Tod des Julij Matwejitsch«:
Aus: DAS RAUSCHEN DER ZEIT, *Julij Matwejitsch.*

21 »Ein Spätherbst in Finnland«:
Aus: DAS RAUSCHEN DER ZEIT, *Familie Sinani.*

23 »Entspricht dieses Gefühl nicht genau«:
Aus: DAS RAUSCHEN DER ZEIT, *Die ägyptische Briefmarke.*

26 »Ich habe keine Manuskripte«:
Aus: DAS RAUSCHEN DER ZEIT, *Vierte Prosa.*

33 »Puschkin und Skrjabin«:
Aus dem nur fragmentarisch erhaltenen gleichnamigen Essay. Deutsch in: ÜBER DEN GESPRÄCHSPARTNER, Gesammelte Essays I, 1913–1924, Ammann Verlag, Zürich 1991.

Gedichte

37–39 »Warum mag die Seele nur singen«, »Ein Lutheraner«:

Aus: Ossip Mandelstam, DER STEIN. Frühe Gedichte 1908–1915. – Ammann Verlag, Zürich 1988.

40–43 »Diese Nacht – nicht gutzumachen«, »In ungeheurer Höhe«, »Wie herrlich du die Wörter sprichst«, »Schwestern: Schwere und Zartheit:

Vorabdruck aus: Ossip Mandelstam, TRISTIA. Gedichte 1916–1925. – Ammann Verlag, Zürich (in Vorbereitung).

44–58 »Armenien IV«, »Leningrad«, »Hilf mir, Herr«, »Für den pochenden Mut einer künftigen Zeit«, »Wimpernhaar, stechend«, »Nein ich find kein Versteck«, »Nun bewahr es, auf immer, mein Wort«, »An die deutsche Sprache«, »Achtzeiler IV & X«, »Blaue Augen, das Stirnbein darüber«, »Meisterin der schuldbewußten Blicke«:

Aus: Ossip Mandelstam, MITTERNACHT IN MOSKAU. Die Moskauer Hefte. Gedichte 1930–1934. Fischer Taschenbuch Verlag, Frankfurt am Main 1990 (= Band-Nr. 9184).

53 »Ewald Christian von Kleist«:

Erstabdruck. In einer Rezension unseres Bandes MITTERNACHT IN MOSKAU (in der »Frankfurter Allgemeinen Zeitung« vom 17. Januar 1987) fragt R. Lauer keineswegs zu Unrecht nach diesem Sonett, das die erste Fassung des Gedichtes »An die deutsche Sprache« darstellt. Die deutsche Übertragung des Kleist-Sonettes sei an dieser Stelle dem Gedicht »An die deutsche Sprache« nachgeschickt.

Ewald Christian von Kleist (1715–1759): »Dichter und Soldat«, Idyllendichter, Verfasser des Lehrgedichtes »Der Frühling« (1749), Freund Lessings, fiel als preußischer Major im Siebenjährigen Krieg in der Schlacht gegen die Russen bei Kunersdorf.

Angeregt zur Beschäftigung mit der deutschen Dichtung des 18. Jahrhunderts wurde Mandelstam u. a. durch die Freundschaft zu Boris S. Kusin (1903–1973), einem Moskauer Zoologen, Bach- und Goethe-Liebhaber, den er in Armenien kennengelernt hatte. Teile von Mandelstams Prosawerk »Die Reise nach Armenien« und das Gedicht »An die deutsche Sprache« sind ihm gewidmet.

59–61 »Verse vom unbekannten Soldaten I«, »Hab verirrt mich am Himmel«:
Aus: Ossip Mandelstam, SCHWARZERDE. Gedichte aus den Woronescher Heften. – © Suhrkamp Verlag, Frankfurt am Main 1984. Mit freundlicher Genehmigung des Verlages.

Vier Dichter über Ossip Mandelstam:

65 *Paul Celan: Notiz.*
In: Ossip Mandelstam, Gedichte. Aus dem Russischen übertragen von Paul Celan. – © S. Fischer Verlag, Frankfurt am Main 1959. In unserem Band abgedruckt mit freundlicher Genehmigung des Verlages.

69 *Paul Celan: Die Dichtung Ossip Mandelstams.*
Ausgestrahlt im Norddeutschen Rundfunk am 19. März 1960. Abgedruckt mit freundlicher Genehmigung von Frau Gisèle Celan-Lestrange, Paris. © Gisèle Celan-Lestrange für den Text, © S. Fischer Verlag, Frankfurt am Main, für die zitierten Gedichte.

83 *Pier Paolo Pasolini: Ossip Mandelstam.*
Zuerst in der Zeitschrift »Il Tempo«, 3. Dezember 1972. Darauf in Pier Paolo Pasolini: Descrizioni di descrizioni. – Turin, G. Einaudi Editore 1979. © der deutschen Übersetzung: Ammann Verlag, Zürich.

93 *Philippe Jaccottet: Quelques notes à propos de Mandelstam.* Zuerst in »Revue de Belles-Lettres« (Genf) 1981, 1–4. Darauf in Philippe Jaccottet: Une transaction secrète. Lectures de poésie. – Paris, Editions Gallimard 1987. © der deutschen Übersetzung: Ammann Verlag, Zürich.

107 *Joseph Brodsky: The Child of Civilization.*
In: Less Than One. Selected Essays. – New York, Farrar-Straus-Giroux 1986. Deutsch unter dem Titel *Flucht aus Byzanz, Essays,* im Hanser Verlag, München, Herbst 1988 (Übersetzung Sylvia List u. a.). Vorabdruck in unserem Band mit freundlicher Genehmigung des Hanser Verlages, dem wir für seine Zusammenarbeit herzlich danken.

INHALT

Vier Dichter über Ossip Mandelstam

Ossip Mandelstam

Das Rauschen der Zeit
Gesammelte »autobiographische« Prosa der 20er Jahre
Herausgegeben und übersetzt von Ralph Dutli
Fischer Taschenbuch Band 9183

Mitternacht in Moskau
Die Moskauer Hefte · Gedichte 1930–1934
Russisch und Deutsch
Herausgegeben und übersetzt von Ralph Dutli
Fischer Taschenbuch Band 9184

Gedichte
Aus dem Russischen übertragen von Paul Celan
Fischer Taschenbuch Band 5312

Im Luftgrab
Ein Lesebuch
Herausgegeben von Ralph Dutli
Mit Beiträgen von Paul Celan, Joseph Brodsky,
Pier Paolo Pasolini und Philippe Jaccottet
Fischer Taschenbuch Band 9187

Nadeschda Mandelstam · Das Jahrhundert der Wölfe
Eine Autobiographie
Aus dem Russischen übersetzt von Elisabeth Mahler
Fischer Taschenbuch Band 5684

Fischer Taschenbuch Verlag

fi 1804/1

»Ich möchte, daß auch für mich, den autor dieser verse,
manches geheimnis geheimnis bleibt.
Es gibt schleier, die wir nicht ungestraft berühren.«
Jan Skácel

Jan Skácel · wundklee

gedichte

Ins deutsche übertragen und mit einem nachwort versehen von Reiner Kunze

Band 10129

Die Gedichte des tschechischen Lyrikers Jan Skácel sind formenreich und voller Bilder. Seine Lyrik geht vom Einfachsten aus und hat doch die letzten Dinge zum Thema: die fließende Zeit, die Angst, den Tod und das Wissen um eine immer bedrohlicher werdende Sprachlosigkeit.

Wie Trakl und Huchel läßt er die Natur immer wieder für die Wünsche und Ängste des Menschen einstehen. Das macht diese oft nüchternen und immer genauen Gedichte so leicht und zugleich so geheimnisvoll. Peter Handke sagte anläßlich der Verleihung des Petrarca-Preises 1989 an Jan Skácel: »Ich habe nicht alle der in etwa vier Jahrzehnten entstandenen Gedichte Skácels lesen können, und alle die, die ich las, nahm ich, bis auf eines, nicht im originalen Tschechischen auf, sondern in der, scheint mir, märchenhaft glücklichen deutschen Übersetzung Reiner Kunzes: Doch haben die hundert und mehr mich beseelenden und mich ihren Gegenständen einverleibenden Skácel-Poeme (ja, nicht der *Leser* hat *sie* sich einverleibt, sondern umgekehrt) genügt, der Poetik des großen tschechischen Dichters innezuwerden.«

Fischer Taschenbuch Verlag

fi 1818 / 1